国家体育总局科技服务项目：极简健身的原理与方法（2017062L）

浙江师范大学体育文库

极简健身

◎ 张剑利　著

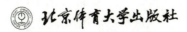

北京体育大学出版社

策划编辑：王英峰

责任编辑：王英峰

责任校对：韩培付

版式设计：久书鑫

图书在版编目（CIP）数据

极简健身 / 张剑利著. -- 北京 ：北京体育大学出版社，2022.2

　　ISBN 978-7-5644-3608-7

　Ⅰ．①极… Ⅱ．①张… Ⅲ．①健身运动 Ⅳ.①G883

中国版本图书馆 CIP 数据核字（2022）第 020934 号

极简健身
JIJIAN JIANSHEN

张剑利　著

出版发行：北京体育大学出版社	
地　　址：北京市海淀区农大南路 1 号院 2 号楼 2 层办公 B–212	
邮　　编：100084	
网　　址：http://cbs.bsu.edu.cn	
发 行 部：010–62989320	
邮 购 部：北京体育大学出版社读者服务部　010–62989432	
印　　刷：唐山玺诚印务有限公司	
开　　本：710mm×1000mm　　1/16	
成品尺寸：170mm×240mm	
印　　张：15.75	
字　　数：257 千字	
版　　次：2022 年 2 月第 1 版	
印　　次：2022 年 2 月第 1 次印刷	
定　　价：65.00 元	

前言
Preface

感谢您阅读这本书。本书写作初衷是让更多人学会健身，促进人们将运动健身作为健康的生活方式。本书中我们会帮您：①知晓运动健身的科学流程；②制订均衡的健身计划；③学会运用经典的健身动作发展肌肉力量；④丰富健身体验和养成健身习惯。我们有信心通过分享这些宝贵的健身知识，让您完成从健身新人到健身达人的蜕变，使您在工作、生活中能够精力充沛，面貌焕然一新。

在写作过程中，我们深感影响人们规律健身的因素极为复杂。比如，村上春树说不去跑步的理由可以装满一辆大型载重卡车；施瓦辛格说健身词汇就像是一门外语，"金字塔"训练、腓肠肌、负功训练、"泵感"、分化训练、顶峰收缩等。对于普通人而言，构建一套健身知识体系并不容易，锻炼身体有可行的良方，但并没有灵丹妙药。因此，我们立足于解决普通人健身的问题和痛点、难点，提供确切性的知识参考。

国内外健身书籍在解决"练什么"和"怎么练"的两大问题上存在不足。运动医学和锻炼心理学专家的书籍，如《ACSM 运动测试与运动处方指南》，提出的运动处方对解决"练什么"的问题较有针对性，但对"怎么练"的问题语焉不详。运动训练专家和健身教练撰写的书籍，如《力量训练基础》《施瓦辛格健身全书》，针对"怎么练"的问题给出了方案，但往往体系过于烦琐，专业性过强，普通人很难"照着练"。

本书的写作初衷就是可以让普通人"照着练"。本书内容兼顾了普通人健身必不可少的有氧运动和力量训练，尤其是力量训练只推荐读者少数经典实用的动作，对健身者居家、社区、健身房等场景的力量训练提供明确方案，更加简明可行。

为了容易理解，本书内容编排总体按照锻炼流程的时间维度展开。为了便于模仿，本书设计了4位虚拟人物的健身过程；为了树立标杆，本书提供了12位公众人物的健身故事。

本书共10章，您可以按照顺序阅读，总体把握我们提供的健身思路，也可以各取所需，挑选感兴趣的章节阅读。本书为普通健身人群而写，从内容到陈述都力求清楚明朗。我们相信本书的建议有助于您参与健身，提高健身效果，拥有更健康的生活方式。感谢您购买此书，希望您成为运动健身的受益者和倡导者。

目 录
Contents

第一章
健身增进健康

宁做健康的乞丐，不做多病的国王。幸福十之八九依赖于健康，所有的事物都会因为我们的健康而令我们快乐。没有健康，无论什么也不会令人愉快，甚至人格的其他福事，如伟大的心灵、快乐的性格，也都会因为没有健康而大为逊色。

——叔本华

第一节　聚焦适量运动

适量运动有益健康，运动不足和运动过量都达不成理想的健身效果。所谓运动是良医，其前提是健身活动达到科学运动量。国家体育总局发布的《全民健身指南》和国外大量研究机构对成人健身的适宜运动量早有定论，只是尚未被普罗大众广泛知晓。

简言之，成年人应每周至少完成 150 分钟中等强度有氧运动，并且至少应有 2 天进行大肌群参与的增强肌肉力量的锻炼。

这就是对普通人参与健身需要"练什么"的简短回答。凡事有度，不管采用何种方式的有氧运动和力量锻炼，只要达到这个度，就算胜利完成了健身这件事。把握好度是健身的首要问题，至于完成的过程是快乐还是痛苦，则是另一个问题了，在后面的有氧运动章节有相关讨论。

如果一个成年人计划每次有氧锻炼的时间为 50 分钟，每次力量锻炼的时间为 30 分钟，那么，推荐他一周进行 3 次锻炼，总用时 210 分钟，合计 3.5 小时（两次是有氧锻炼和力量锻炼相结合，累计用时 80 分钟，一次是 50 分钟的有氧锻炼）。

这个每周 3 次累计 3.5 小时的基本锻炼方案，可以看作科学健身的底线。如果长期坚持，基本可以实现"精力充沛、肌力强健"的健身目标。对于有意积极参与体育运动、充分享受运动促进健康福祉的人，牢记这一方案极为必要。把握这一科学运动量，日常锻炼才能心中有数。

更为细化的适宜运动量，可以参照世界卫生组织《关于身体活动有益健康的全球建议》（2010）。基于大量研究文献，世界卫生组织推荐的各类人群适宜运动量为：

● 儿童青少年（5～17 岁）身体活动建议为：①儿童青少年应每天累计至少 60 分钟中等到高强度身体活动；②大于 60 分钟的身体活动可以提供更多的健康效益；③大多数日常身体活动应该是有氧活动。同时，每周至少应进行 3 次高强度身体活动，包括强壮肌肉和骨骼的活动等。

● 青、中年人（18～64 岁）身体活动建议为：①18～64 岁成年人应每周至少完成 150 分钟中等强度有氧身体活动，或每周累计至少 75 分钟高强度有氧身体活动，或中等和高强度两种活动相当量的组合；②有氧活动应该每次至少持续 10 分钟；③为获得更多的健康效益，成年人应增加有氧活动量，达到每周 300 分钟中等强度或每周 150 分钟高强度有氧活动，或中等和高强度两种活动相当量的组合；④每周至少应有 2 天进行大肌群参与的增强肌肉力量的活动。

● 老年人（65 岁及以上）身体活动建议为：①老年人应每周至少完成 150 分钟中等强度有氧身体活动，或每周至少 75 分钟高强度有氧身体活动，或中等和高强度两种活动相当量的组合；②有氧活动应该每次至少持续 10 分钟；③为获得更多的健康效益，该年龄段的成年人应增加有氧活动量，达到每周 300 分钟中等强度或每周 150 分钟高强度有氧活动，或中等和高强度两种活动相当量的组合；④活动能力较差的老年人每周至少应有 3 天进行增强平衡能力和预防跌倒的活动；⑤每周至少应有 2 天进行大肌群参与的增强肌肉力量的活动；⑥由于健康原因不能完成所建议身体活动量的老人，应在能力和条件允许范围内尽量多活动。

世界卫生组织推荐运动量，值得关注的一句话是：有氧活动应该每次至少持续 10 分钟。这句话蕴含了碎片化锻炼的理念：由于健身锻炼具有累积效应，即使单次锻炼时间仅 10 分钟，如果每周锻炼时间累计 150 分钟以上，也算是达到了科学健身的推荐量。

碎片化锻炼是解决"缺乏锻炼时间"问题的一个方法，其实人们并不需要每次都拿出大块的时间用来健身，对于工作、家务繁忙的人群而言，只要有 10 分钟以上碎片化时间，都建议见缝插针进行锻炼。

例如，如果一个健身者计划将碎片化时间用于健身，每次有氧锻炼的时间为 30 分钟，每次力量锻炼的时间为 30 分钟，那么，他一周应进行 7 次锻炼。其中，5 次是有氧锻炼，累计用时 150 分钟；2 次是力量训练，累计用时 60 分钟。一周总计健身时间为 210 分钟。

第二节　健身观念原则

健身行为和人类的吃饭、穿衣、出行、加班等行为一样，渗透在人们生活的方方面面，构成人们的生活方式。然而，多数人的健身参与是不成功的，难以坚持、难见成效等，反复受到健身锻炼不得其法的困扰。所谓"健身先健脑"，既然健身是人生必须面对的重大事项，"怎么看"和"怎么干"的问题就值得理论层面的梳理总结。基于多年健身体验和大量文献资料，本书提出 3 条健身观念和 3 条健身原则，供读者参考。

一、健身三观念

（一）健身贵在拼搏超越

顽强拼搏是体育精神的核心。健身更需要体育精神的支撑，以便在面对流汗、伤痛、懈怠的时候能够坚持。或许有人认为拼搏是职业运动员的专用词，用在普通人健身上太夸张了，但这恰恰是一种错误的观念，因为在运动场上拼搏和放弃只是一念之间。例如，当一个普通健身者跑步 1000 米之后产生"不想跑了"的念头后，如果他有顽强拼搏的信念，就很容易坚持跑下去；但如果他没有顽强拼搏的信念，就很容易找种种理由放弃。

拼搏是为了超越，超越的不是别人，而是自己，即超越自我。简言之，对普通健身者的健身历程而言，面对当下的自己，30岁之前是为了更加强健，30岁之后是为了减缓身体机能衰退。从人的生命历程看，这种超越是有意义的，因为你一旦放弃拼搏，实际上健身这件事就结束了，机体的衰弱也就开始了。

拼搏超越的体育精神，为普通人在运动场上的行为提供强大的精神支撑，使他们在面对根本性问题的时候不会迷茫。比如一个人在田径场持续跑圈、在健身房不断增加负重，他迟早会问自己这样做的最终意义是什么，总需要对自己的行为有一个合理性解释，而超越自我往往就是一个终极性的合理解释。

更有说服力的例子是球类运动等集体性项目。比如在业余足球比赛中，你的球队已经大比分落后追赶无望，对方球员嘴角的嘲笑、戏虐的眼神已经很难掩饰，面对败局的你还能够享受运动吗？还能够获得对手尊重吗？其实这时候拼搏超越的信念才更加宝贵：排除一切杂念，把自己的体能、技能和战术能力正常发挥出来，对得起自己，也对得起球队就可以了。简言之，普通人由于受到队友、对手水平等种种不可控因素的影响，参与球类运动的正确信念不是只有赢得比赛才能快乐，而是超越自我就能快乐，这样参与运动才能更持久。

那么问题来了，如果一个普通人没有拼搏超越的信念，他能坚持健身吗？我认为他很难坚持。业余足球场上有这样一类人，他们自认为"佛系"，标榜崇尚"养生足球"或"快乐足球"，对（比赛）胜负无所谓，对自己也没有要求，就是为了"出出汗"。这类缺乏拼搏超越精神的球员很难被业余球队接纳，因为他缺乏一口"气"，而其他队员都憋足一口"气"将技战术发挥出来，大家不在一个频道上，缺口"气"的球队显然在比赛中吃亏。试想如果都是这样满不在乎的球员，那业余球赛就不用踢了，失去了竞争的乐趣。因此，没有拼搏超越精神的球员很难融入球队，会逐渐消极退出。

（二）健身贵在自觉积极

锻炼贵在自觉，是毛泽东在论文《体育之研究》中提出的重要观点，对指导当下的全民参与健身仍有重大意义。毛泽东进一步解释道："欲图体育之效，非动其主观，促其对体育之自觉不可。"国务院提出实施"健康中国行动"，强调每个人是自己健康的第一责任人，这与毛泽东的这一思想是一脉相承的。

健身锻炼对参与者自觉积极性的要求非常高。①健身锻炼是一种业余活动，客观制约性、监督性不强。身体锻炼与体育教学、运动训练相比，一个显著的区别就是锻炼者的自主性较大。参加身体锻炼一般没有法定的时间、地点和组织形式，没有必须遵守的纪律，也不一定有教师、教练员指导，因此主观因素在锻炼过程中起决定性作用。②健身锻炼是克服自身惰性的体力性活动。在锻炼中身体要承受相当的运动负荷，付出一定的体能，有时还要在恶劣气候条件下坚持练习，因此没有自觉、积极的精神是难以从事健身锻炼的。③健身锻炼是在科学知识指导下反复实践、逐步提高的过程。在掌握练习方法、提高技术技能、深化体育知识的过程中，外部动力和压力较小，主要靠自觉性、积极性，如果主观上不求进取，很难取得理想效果。

世界卫生组织发现，在影响健康的因素中，生物学因素占15%，环境影响占17%，行为和生活方式占60%，医疗服务仅占8%。由此可见，获得健康最简单也是最有效的方法，就是培养积极参与运动的健康生活方式。

健身贵在自觉，是一个毋庸置疑的真理。健身者积极生活、主动锻炼的态度，比一切外部影响因素都重要。健身者从哪些方面做到积极自觉呢？本书认为可以从以下3个方面展开。

自觉健身的第一个含义是因地制宜主动适应场地环境。推广全民健身经常被热议的一个问题是缺乏健身场地，但场地环境对健身参与的影响有限。例如，大学生的健身环境通常远好于"广场舞大妈"的锻炼环境，但大学生运动参与频率并不高于后者。关键在于主动适应环境，因地制宜参与锻炼。很多监狱服刑人员在监狱锻炼得也很好，甚至有人写出《囚徒健身：用失传的技艺练就强大的生存实力》等著作。同样，在新冠肺炎疫情期间，热爱健身的人们居家健身花样翻新，也有很好的锻炼效果。

自觉健身的第二个含义是主动设定健身目标并推进实施。普通人的健身生活方式还是靠自己，亲力亲为进行健身管理。尽管很少有人将健身计划和健身日记落实到纸面，但健身管理流程（图1-1）的关键环节是不能少的。第一，明确需求，设定增肌、减脂、减压等健身目标；第二，分析可能面临的困难，比如懒惰、倦怠、没有时间、没有伙伴等；第三，测评当下身体技能水平，尤其是身体质量指数、有氧能力和肌肉力量等关键指标；第四，制订合理可行的健身方案，明确锻炼的频次、时间、强度、负荷；第五，动员自己行动起来，体验健身带来的改变。健身管理流程是动态的，随着运动能力的变化，还应周期性地调整健身目标和方案。

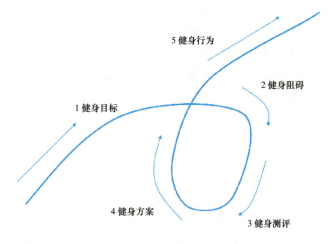

图1-1　健身管理流程

自觉健身的第三个含义是主动学习。健身知识涉及运动生理学、运动解剖学、运动医学、运动训练学、管理学、心理学、社会学等多学科知识，普通人不可能也没必要全面掌握相关知识，但对一些关键的知识点有必要透彻掌握。正如《穷查理宝典》一书所言，"像海绵一样汲取多学科知识，但掌握每个学科中真正的大道理就够了"。主动学习需要开放包容的心态，比如各个健身流派的知识，通过比较鉴别并运用于实践，从而找到最适合自己健身阶段的有用知识。主动学习是吸取前人理论和经验的过程，能够少走很多弯路，减少运动伤病的发生。兴趣是最好的老师，但学习健身知识不能随性而为，而应抓住重点和主线，避免陷入旁门左道和细枝末节。比如有人刚开始增肌训练就花大量精力研究各种蛋白粉效果，刚开始打乒乓球就深入钻研各种底板、胶皮性能，刚开始减脂训练就研究各种手机修图软件把照片修得美美的，这些只是浪费精力，最终与训练目标南辕北辙。

（三）健身贵在终身实践

健身是一种实践，其本质不在于知，而在于行；其验证不在于逻辑，而在于结果和体验。健身的关键是行动起来，而不是坐以论道。想学会游泳就必须到水里去动起来，否则，观看再多的游泳教学视频也无济于事。

运动健身领域广泛存在的现象是：人们知道健身的益处很多，但莫名其妙就是不去做。人们雄心勃勃地制订新年锻炼计划、暑假锻炼计划、寒假锻炼计划，但遗憾的是不到一半的人能坚持。

王阳明在《传习录》中说，"未有知而不行者。知而不行，只是未知"。由此来看，可能很多人还是没有真知、真会。没有真懂、真会，就难以体验到健身带来的进步和乐趣，以至于难以坚持锻炼。比如俯卧撑，很少有人没有做过这个动作，但如何做一个安全、标准的俯卧撑，如何循序渐进增加俯卧撑动作训练负荷，以及如何用俯卧撑动作构建胸臂力量训练体系，很多人包括体育专业学生都是一知半解。

从运动训练分析，不同运动项目给健身者设置的门槛或者说带来的困难，是不一样的，需要有一些针对性的解决办法。比如跑步，一般比较枯燥，可以通过边听音乐边运动的方式丰富健身体验。比如打乒乓球，一般只要具备简单攻防技术就能打起来，否则都是捡球时间，解决办法就是入门时期加强攻球和推球技术训练，争取多打回合球。再如踢足球，需要尽快融入球队和队友配合起来，入门时期就需要健身者加强基本传接球技术训练，同时加强团队意识培养，在场上抬起头来观察队友，不能目中无人。以上3例，都是运动项目参与的门槛，有高有低，但如果没有意识到或者未能实际做到的话，这些门槛就能拦住很多人。

健身是一种实践，评价一位健身者的水平应依据其健身行为。一位合格的健身者应具有以下表现：①有规律的健身参与，具有 6 个月以上有氧锻炼和力量锻炼经历；②取得明显的健身效果；③积极的健身体验；④很少受到运动伤病的困扰。

那么一位优秀的健身者该是什么样子？本书认为应该从终身参与健身的角度评判。健身是一件终身相伴的事务，从婴幼儿时期到失能期之前的老年人，都应该以健身锻炼来呵护身体健康。反之，如果我们处理不好，健身就是一件困扰终生的事情。有人将健身比喻成存钱，非常形象。更重要的是，我们将健身看作存钱的话，不能偶尔去存一次，应该有规律地去存钱，每周能够至少存钱 3 次最理想了，并且要存到你再也无法出门行动的那一天为止。本书认为，从终身参与健身的角度评判，钟南山、施一公、胡大一的健身经历尤其丰富多彩，他们属于优秀的健身者，值得广大健身人群学习借鉴。

如果将健身看作个人一生的长期投资，那么我们完全可以从容设定自己的健身目标，将健身生活匹配人生不同阶段的学习、工作和日常生活。值得指出的是，普通人不必设置过高的健身目标，既不需要追求做一个专业运动员，也不需要追求做一个业余高手。普通人不可能像专业运动员一样在某个运动项目长期投入巨大的精力，如果设置不切实际的目标，显然是和自己过不去。更何况，即使是专业健美运动员，在退役以后也很快无法维持肌肉维度。

普通人健身不追求成为壮汉，除了投入产出考虑，还有一个原因就是用进废退规律的存在。用进废退规律是指，人体器官肌肉，经常使用就会变得发达，而不经常使用就会逐渐退化。换句话讲，为了维持壮汉的肌肉量，你必须维持壮汉的训练量，否则肌肉流失不可避免。普通人需要将大量精力投入学习、工作和家庭，而不是过度投入精力供奉你的肌肉。因此，如果你不是一位对肌肉饱满度有特殊偏好的健身者，则投入少量精力参加健身锻炼就够了，关键是维持好健身与生活的平衡，终身坚持锻炼，做到"精力充沛、肌力强健"就可以了。

 小贴士

用进废退理论（use and disuse theory）是指生物体的器官经常使用

就会变得发达，而不经常使用就会逐渐退化。就像大脑，越是勤思考勤运用，便越灵活；而越是懒惰不动脑，大脑便会像生锈的链条，难以正常运转。肌肉的用进废退是指肌肉锻炼就会增强，不用就会萎缩。个体某些能力和技能，用进废退有其合理性。用进废退在个体层面上是非常合理的，经常练习，会让技巧精进；而长时间荒废，会让技能生疏。

二、健身三原则

（一）循序渐进

循序渐进原则是指科学地、逐步地增加体育健身活动的时间和运动强度。体育锻炼必须遵循人体自然发展、机体适应的基本规律，从不同的主客观实际出发，合理安排运动负荷，在渐进的基础上提高锻炼水平。在体育锻炼过程中，运动负荷的大小直接影响人体机能的变化，负荷是否适宜，对锻炼效果的好或差起很大的作用。因此，进行体育锻炼时应循序渐进，随时调整运动负荷，逐步提高锻炼水平。对于没有运动习惯的人来说，开始参与运动时应先保守一些，在刚开始的 1 个月内保持中低强度的运动，进而逐渐增加运动强度。这点非常值得重视，是健身新人减少运动伤病的重要一环。

简言之，我们可以将循序渐进原则理解为动作负荷和动作次数的交替上升。例如，假设一名健身者能够以 30 公斤负重做 5 次深蹲，第一步，他挑战更大负重，以 35 公斤负重做 2 次深蹲；随着训练水平提高，第二步，他挑战更多次数，以 35 公斤负重做 5 次深蹲。之后螺旋上升，以 40 公斤负重做 2 次深蹲，再逐步增加到做 5 次。这样逐步提高锻炼水平，实现最初的健身目标，达到健身和工作、生活的平衡点。

健身新手对动作的掌握尤其需要遵循循序渐进原则。其表现在 3 个阶段。①初期接触新的动作，容易出现各种各样的错误，这时候就要静下心来，逐步纠正错误动作，耐心打磨，使动作发力趋向合理。在这一阶段，多数健身者还难以体验到运动的乐趣，毕竟反复练习的过程较为枯燥。跨越这一阶段的关键是开放的心态、谦虚的态度和刨根问底的精神，尤其重要的是在超越自我和刻意练习的过程中做到知行合一。②逐渐掌握动作之后，随着负荷强度的加大，比如加载了更重的杠铃片或者以更大的力量进行足球射门，健身者的动作仍然会出现各种错误。这时候，健身者已经积累动作经验并初尝运动乐趣，但应自觉意识到，随着负荷强度加大，动作变形往往难以避免。这一阶段健身者需要在牢记动作基本原理的同时，进一步体会细节之处的改进，探索适合自己形体和肌肉发力类型的个性化动作。③总训练量加大之后，健身者在身体疲劳的情况下，提升动作稳定性。在杠铃训练中，就是做到最后一组的时候动作也不变形；在球类业余竞赛中，就是做到对抗疲劳的时候动作也不变形。健身者到达这一阶段，就可以正本清源，将训练聚焦到关键的地方，即逐步加大训练量，提高机体健康水平。

（二）因地制宜

全民健身不一定千篇一律，各人应该有各人的特点，就近就便、因地制宜参与锻炼。市民通常在距离住所 2 千米半径的范围健身。在 2020 年疫情防控背景下，很多居民是在家健身或在小区内健身。因此，居民应根据现有的场地设施条件进行健身训练。科学健身应将身体活动融入日常生活中，从而达到理想的锻炼效果。

媒体经常报道"健身去哪儿"是一个难题。实际上这根本不具备新闻报道的价值，因为"健身去哪儿"经常是一个难题，是一个常态。极端地讲，普通人的健身场地需求经常存在，并且经常也满足不了。以某大学足球场地为例，20 世纪 80 年代到 90 年代末，足球场地是长满野草的土场，在教工和学生足球爱好者长期踩踏之后，场地表面变成厚厚的软土。足球爱好者晴天踢球尘土漫过大腿，鼻孔里面黑漆漆；雨天踢球则泥浆四溅，球服上面脏兮兮。2000 年之后学校修建了标准的人工草皮场地，条件大幅改善，但问题是当时整个城市只有这一块好场地，校内外足球爱好者想尽办法前来踢球，周六、周日场地拥挤不堪。2010 年左右学校修建了新的天然草皮标准场地，学校里的足球爱好者欣喜不已，但建成后遗憾地发现，场地只对体育专业学生和学校足球队开放，很多其他学院学生球员只能望场地兴叹，教工足球队也是通过各种关系在周末才能进去踢一场比赛。2016 年左右学校建成两块 5 人制人工草皮场地，校园足球爱好者非常开心，但后来遗憾地发现，场地每天下午都被狂热喜欢足球的留学生霸占，而多数中国学生跟他们玩不到一起，只能坐在场地边观看。5 人制场地周边环境优美，夜里灯打开之后，踢夜场对足球爱好者来说吸引力很大。但遗憾的是，夜场对学生不开放，只是每周 3 次对教工足球队开放。所以每次夜场时间，围观教工足球队踢球的中国学生和留学生足球爱好者都既羡慕又愤怒，脑门上似乎飘出"健身去哪儿"的难题。

那么时至今日，教工足球队的足球健身需求就满足了吗？答案是没有，很多难题完全没有解决。例如，教工球员希望学校在两块 5 人制场地的中间修一排带遮阳板的座位供休息之用；教工球员希望场地灯光全部换成 LED 照明灯；教工球员希望整个场地修建挡风遮雨遮太阳的顶棚；教工球员希望场地附近修建卫生间；教工球员希望 5 人制场地和 11 人制场地随时为他们开放，来的人多踢大场，来的人少踢小场；教工球员甚至希望学校尽快修建室内 5 人制足球场，以便在雨雪台风天气到室内踢球。否则，遇到雨雪台风天气，教工球员完全不知道"健身去哪儿"了。

这个例子是真实发生的。其中蕴含的道理是：场地不足的理由会一直存在，重要的是健身者要充分利用好已有的条件，因地制宜，不以场地条件未满足为借口。

居民因地制宜参与健身，关键是掌握具体的健身方法，否则因地制宜原则只是空谈，难以落实。如果掌握了自重健身的基本方法，居民就可以在家里或者小区健身路径上进行有效的力量训练。比如在家以俯卧撑、徒手深蹲、平板支撑等动作进行锻炼；在小区使用单杠、双杠、天梯等器械，训练引体向上、臂屈伸、天梯行走等动作。这些基本的锻炼动作对设施条件要求是很低的，这里的"健身去哪儿"难题并不是因为没有地方，而是因为健身者没有掌握基本的动作方法和训练方案。

（三）安全第一

保证安全是健身过程中首要的事情。健身者一旦产生伤病，也就违背了强身健体的初衷，还会影响工作和生活。通常情况下，选择不合适的运动项目或运动强度过大、缺少准备及整理活动等，都有可能造成不必要的损伤，甚至酿成悲剧。

多数运动风险是可防可控的。健身者只要具备相关的安全知识，安全至上的弦不放松，就能大幅减少风险的发生。比如：①多数韧带肌肉拉伤可以通过热身拉伸预防；②腰背伤害可以通过控制运动负荷减少风险；③知己知彼，超重人群减少长跑距离，糖尿病患者不空腹锻炼；④了解场地环境，不在灯光昏暗的场所锻炼，保护视力，减少跌倒风险，保护人身安全；⑤充分补水或运动饮料，减少中暑风险；⑥及时判断，少和不熟悉的球队进行篮球、足球比赛，遇到动作粗鲁的对手及时预判闪避；⑦恶劣天气减少户外锻炼，避免雨雪天气跌倒风险；⑧熟悉运动器械使用方法，使用不熟悉的器械时减少负荷量。

少数运动风险是难以避免的。健身者只能在运动场灵活应对，积累经验，或者调整参与的运动项目。比如：①经常参加长距离跑、羽毛球等运动导致的膝部关节磨损；②佩戴近视眼镜参加足球、篮球运动被撞击后导致的眼眶划伤；③足球带球过程中踩球导致的摔伤或骨折；④足球对方射门打到身体导致的伤害，羽毛球大力扣杀打到身体尤其面部；⑤篮球抢篮板被肘击造成伤害；⑥足球抢断时脚趾踩伤；⑦力量训练挑战大负重时动作变形导致伤害，如卧推大重量时肩肘、腕部容易受伤；⑧过度兴奋忽略身体疲劳导致的心律不齐、肌肉拉伤、韧带断裂等伤害。

第三节　健身益处巨大

健身是指人们以身体练习为基本手段增进健康。这里的健康，根据世界卫生组织的定义，不仅是疾病或羸弱的消除，而是体格、精神与社会适应的完全健康状态。健身对身体健康而言具有不可替代的地位。健康生活方式通常包括合理膳食、适量运动、戒烟限酒、充足睡眠。其中，适量运动最具有积极进取的性质，能够主动展开对身心的深度改造。

运动有益健康的观念已经深入人心。习近平总书记指出，体育锻炼能够使人"享受乐趣，增强体质，健全人格，锤炼意志"。普通健身者越是理解和牢记健身益处，就越容易树立健身观念，越容易坚持锻炼。从知晓到牢记，从理论知识到实践体验，人们对健身意义的理解深度不同。比如，那些曾经因为伤病失去运动能力的人，对健身意义的理解可能更深刻（图1-2）。

图1-2　球场边的少年

一、促进生理健康

增强心肺功能。体育锻炼使心壁增厚，心脏体积增大，外形丰满，心脏组织提供营养的冠状动脉增粗1～2倍，心脏收缩功能大幅度提高，心跳徐缓，使心肌得到很好的休息，减少心肌疲劳，提高心力储备。体育锻炼使血管壁增厚，弹性增加，管径增大，增加最大摄氧量，降低心肌耗氧量，减少心血管疾病发病率。提高呼吸肌的机能，胸廓的活动范围扩大，呼吸变得主动和有力。增大肺活量，提高呼吸效率，每次呼吸更多的空气进入肺泡，提高了氧气从肺进入血液的能力和排出二氧化碳的能力。

增加肌肉力量。经常参加健身运动，使肌肉产生良好的适应性变化，肌纤维数量增多，代谢加快，肌纤维变粗，坚韧有力，肌肉体积增大，力量增强，能量供应更加充足。有氧锻炼帮助健身者增加线粒体数量和加强其功能，骨骼肌群代谢能力增强。抗阻训练在重建肌肉过程中起到关键作用。研究表明，3个月以上的力量训练，可以帮助健身者增加3～4磅肌肉。力量训练可以减少肌肉流失，年过50岁的普通人相比20岁时大概会流失掉15磅的肌肉，但通过力量训练能够有效减慢力量流失的过程，所以年过50岁的人群经常进行力量训练很有必要。

增加骨骼密度。经常参加健身能够加强人体新陈代谢，改善血液供应，使骨密质增厚，骨骼的有机成分增加，无机成分减少，更具弹性和韧性。骨头变粗，抗折、抗弯、抗压缩、抗扭曲等机械性能大幅提高。增强关节的稳固性，提高关节的缓冲能力和灵活性。力量训练不但可以增加肌肉量，还可以增加骨量。研究表明，经过数月规律的抗阻训练后，健身者的骨矿物质密度显著提高。缺乏锻炼的中老年女性，坠落和跌倒伤害的风险更高，骨质疏松导致骨折的案例比比皆是。不进行抗阻训练的成年人，每年骨质密度减少 1%～3%，也就是说每 10 年骨质流失达10%～30%，因此抗阻训练应该成为中老年人生活的重要组成部分。

　　锻炼改造大脑。经常参加健身活动，可以促使脑部的血液循环供应、供氧充足，加强大脑皮层的兴奋性，使大脑的工作能力得到提高，并且提高神经系统的传导功能和调节能力。运动对大脑的影响是即刻的。每做一次运动，都会增加大脑中神经递质的水平，能提高人聚焦和转移注意力的能力，专注的改善效果至少能持续 2 小时。不仅如此，还能改善人的反应时，提升反应速度。长期的运动能够增加海马回中脑细胞的容积，改善人的长期记忆，还能改善前额叶皮质的状况，让人有更佳的专注力。运动能够保护大脑。运动越多，大脑中的海马回和前额叶皮质就更活跃，也更强大、更强壮。随着运动的逐渐增加，健康的大脑除了能够提升学习的效率，还能在晚年时有效抵御阿兹海默症的病，让大脑更加健康。运动对于大脑来说，不仅赋予了它钢筋铁骨，还给与了它坚硬的铠甲。

二、促进心理健康

　　运动带来快乐。人生幸福快乐，强身健体十分重要。健身使人愉悦。看看足球场上孩子们进球后的痛快淋漓，就不难感受这一点。运动中人体分泌内啡肽能够带来欣快感。成人参与者在场上与场下的交流、吹牛、交际也带来愉悦体验。健身令人沉浸，喜爱某个运动项目的健身者很容易体验这一点。如果我们观察大球、小球类项目的爱好者，通常在开球 5 分钟之后，他们就会沉浸在你来我往、进攻防守的世界。这个在运动场上体验到的与现实工作、学习隔断的世界，是因爱好而产生的专注，是对人性的滋养。有人说快乐是人生的目的，对此似乎很难反驳，如果是这样，运动健身可以令人直达人生之巅。

锻炼能够减压。参与者在运动之后常有焕然一新、精神振奋之感。运动能缓解压力，让人保持平和的心态。这与腓肽效应有关。当运动达到一定量时，身体产生的腓肽效应能愉悦神经，可以把压力和不愉快带走。适当的运动锻炼，有利于消除疲劳。上班族整天朝九晚五，单调而枯燥，长时间单调刺激易引起生理、心理疲劳，而运动能使刺激强度得到变换，起到改善、调节脑功能的重要作用。要充分发挥大脑潜能，必须合理地安排活动，不使某一半球或某一功能区由于反复单调刺激而疲劳，要动静协调、张弛有度，才能有助于提高大脑皮层的分析综合能力。团体运动提高合作意识，对于学生和需要增强团队合作意识的人来说，运用打篮球、足球、羽毛球等团体运动，不仅可以酣畅淋漓地出一身汗，锻炼身体，还能增强合作能力，减压效果也是不错的。游泳减压，游泳属于封闭运动，人在游泳时不仅脊柱在伸展，双腿也需要蹬水，四肢的协调运动需要全身的配合，水的浮力让人感受到一种轻松。锻炼可降低孕妇产后抑郁的风险。

锻炼增强自信。长期运动能引起人性格、自我观念的积极改变。经常运动的人会变得更外向、乐观、热情、有活力。健身使人自信。力量训练后，很自然会产生浑身是劲、脚底生根、沉稳内敛的感觉。研究发现，运动员比一般人更具独立性、更客观，也更自信。通过运动而提高自己的体力，从而帮助自己获得一个良好的体力。我们在运动的时候，会通过大量的运动，不断地提高自己的体力。尤其是耐力运动，完全可以提高身体体力，让我们的身体素质变得更好。参加体育活动和学艺的过程，能使人从不安和失意中获得重新站起来的不可思议的力量。这是因为参加体育运动须遵循一定的规则和规范，而且其目的和目标就在眼前，具体而清晰，不像将来的前途、提高成绩、得到信任等那么抽象，因此比较容易集中精力，统一纷繁的心绪。

健身锤炼意志。体育锻炼能够提升做事情的耐心与持久度，因为无论是什么事情，都需要有一个健康的身体，健康的身体是强大的意志力的保证。要实现强身健体，必须要克服重重困难，用刻苦的训练锻炼身体，用辛勤的汗水磨炼意志，持之以恒，遵守规则，不可三天打鱼，两天晒网。马拉松运动能够培养挑战极限的勇气、超越自我的信心、坚忍不拔的意志、永不放弃的坚定。长跑最能锻炼一个人的毅力，跑步要追求极限，不能因为跑了一两千米累了就停下来。想要锻炼毅力，就要跑到累得要趴下但心里还想着继续跑的那种。如果这次跑了 5 千米，那明天的目标至少要比这个数字大，而且坚持跑完才有效果，要是中途有了一次放弃，那就很容易有第二次。

三、促进社会适应良好

健身增进交往。运动健身是促进青少年社会化的重要手段，家长在孩子小学时期送他们到假期、周末的体育兴趣班，能够让孩子交到很多新朋友，共同的训练和比赛扩大了孩子之间的互动和感情交流。来自不同行业、岗位的成年人参与运动健身，是以兴趣结成的团体。健身群体之间的关系是一种弱关系，科学家研究发现，这种弱关系往往是连接不同人际圈子的重要节点，能够扩大人际交往的范围，打入新的交际圈子，带来个人发展新空间。运动健身还提供了人际交往的话题，交流健身技术、体验和经验，能够增进相互理解和感情。俗话说，"人无癖不可与交，以其无深情也"。考察一个人在运动时刻的表现，能够发现其乐观、积极、向上的一面，有助于深入地了解。

健身引发好习惯。健身习惯是一个核心习惯，一旦坚持健身，就能启动一些进程，自发地引起连锁反应，引发其他良好的生活习惯。比如说跑步这个习惯，如果培养了一个跑步习惯，人的精神状态就会有所改变，工作效率会有所提升，同时饮食方面会开始注意，并不会像之前那样大吃大喝，吃很多高脂肪的垃圾食品。因为开始运动后，自然而然地开始关注自己的健康了。虽然并没有去专门培养一个吃的习惯，但自然地带出来了。生活中的一些坏习惯，如晚上熬夜、早上赖床、拖延成性、玩手机、破罐子破摔、大开吃戒等不自律的行为，基本上都是身体处于糟糕的状态，以及精神焦虑导致的：拖延、压抑、压力大、情绪化饮食等等。运动会让人变得开心和自律，一旦启动这一进程，其他的自然会正常运行，这也是很多人的新年计划以健身为重点的原因。

健身者更友善。洛克认为，健全的精神寓于健康的身体，这是对于幸福人生的一个简短而充分的描述。健身者胸襟更豁达，心理更加健康、更加阳光、更加乐观，容易将心比心，具有共情心，能够善待别人。很多时候，健身者之间需要相互保护与帮助，发现动作技术方面的问题，也会给予善意提醒。比如，在足球场或篮球场有人受伤倒地的时候，通常马上包围一圈人询问伤情、讨论处置意见。

四、促进慢性病预防和康复

规律的体育活动能够预防和治疗高血压、预防结肠癌和冠心病。健身有助于成年人预防膀胱、乳房、结肠、子宫内膜、食道、肾、胃、肺 8 种类型的癌症。规律的体育活动能够降低痴呆症、全因死亡率、心脏病、中风、高血压、2 型糖尿病和抑郁症的风险。研究表明，缺乏锻炼与 40 多种慢性病或疾病的早期发作有关，这些疾病包括便秘、结肠癌、抑郁症和糖尿病。根据 Katzmarzyk 的研究，运动锻炼能降低患慢性病风险（表 1-1）。对于高血压、高血脂以及高血糖"三高"人群以及肥胖、骨质疏松等群体来说，"运动处方"不可或缺。不过，这类人群健身尤为需要"适可而止""对症下药"。

表 1-1　运动锻炼降低慢性病风险

冠状动脉疾病	降低 45%的风险
卒中	降低 60%的风险
高血压	降低 30%的风险
结肠癌	降低 41%的风险
乳腺癌	降低 30%的风险
2 型糖尿病	降低 50%的风险
骨质疏松	降低 59%的风险

糖尿病人群。糖尿病是常见的慢性病之一，以 2 型糖尿病最为常见。有规律的体育活动可以调节糖代谢，降低血糖，提高靶细胞对胰岛素的敏感性，有效地预防与治疗 2 型糖尿病，延缓并发症的发生、发展。体育活动可以增强糖尿病患者体质，提高糖尿病患者生活质量。英国威斯敏斯特大学的研究发现，糖尿病患者只要抽空进行锻炼，就能达到提高胰岛素敏感性、辅助降低血糖的目的。对糖尿病患者来说，好心情更是

降糖的"好帮手"，它能刺激胰岛素分泌，有助于降糖。

高血压人群。我国居民心血管病患病率呈持续上升趋势，心血管病死亡列城乡居民总死亡原因的首位。有规律的体育活动可以通过提高心脏功能和血管弹性、降低血压、减少炎症因子、调节血脂等途径，降低心血管病危险因素，有效预防心血管病发生，促进心血管病患者康复。快走是调控血压最好的运动方式。《全民健身指南》中提到，高血压患者如果安静时血压超过 180/110 mmHg，应先用药物控制血压，经医生同意后再进行运动。运动时应避免憋气用力，以免血压突然升高。

超重和肥胖人群。对于普通人群，身体活动可以降低体重增加过多的风险并帮助人们保持健康体重。对肥胖、超重人群而言，长时间走路是最好的减肥方式。如果体重过大，可以先做蹬车、游泳等非体重支撑运动。高血脂人群可选择游泳、蹬车或走跑交替等运动项目。每周中等强度有氧运动超过 150 分钟对降低血脂有效，每周运动 300 分钟效果更好。同时要注意增加日常活动量，尽量少开车、多步行，少坐电梯、多走楼梯。

骨质疏松症人群。骨质疏松是以骨密度降低、骨组织微细结构变化，并伴随骨折易感性增加为特征的骨组织疾病。体育活动有助于增加骨量，改善骨骼结构，减缓年龄增大引起的骨量丢失，通过增强肌肉力量和平衡能力，预防跌倒，减少骨质疏松性骨折的发生风险。若要防控骨质疏松，快走、慢跑等需要体重支撑的有氧运动方式效果更好。相反，骨质疏松患者就不适合进行游泳等运动了。

帕金森病人群。帕金森病虽然不是一种瞬间致命的病症，但是会使人慢慢丧失行动力，动作越来越迟缓，身体也开始不听使唤。神经内科专家表示，规律而科学的运动可以使帕金森病患者的肌肉相对结实而富有弹性，有效缓解病症带来的一些不良状况，改善身体机能。因此，建议帕金森病患者每天适当做一些锻炼。帕金森病患者在走路时通常会出现小碎步往前冲、不易转弯等情况。针对性地进行步行锻炼，可以缓解这种症状。帕金森病患者得病后，体力也会随之下降，针对性地进行一些自己喜爱的运动，在保证良好心情的同时，也能在一定程度上减少肢体功能残疾。

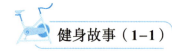
健身故事（1-1）

薛涌女儿七年逆袭只因坚持运动

记得那是女儿一年级的时候。一天我到学校接她，孩子们都在教学楼后面的游乐场玩。突然，一群孩子从游乐场向另一头的操场方向跑去。我一眼就看到女儿小小的身影。当我走过去时，她一个人正跑在最后，使出了全身的力气，小脸涨得通红，紧张到完全看不到我……

这是我终生难忘的一幕。我很少见到她有如此紧张的神情。她的个子实在太小，当时那群孩子突然一路狂奔到操场那一端，女儿是害怕被丢下，一脸紧张。这样玩耍，时间一长，就会影响她的自信。以后不管她多么聪明能干，如果没有自信，就没有勇气站出来充当大家的领袖、争取本来是属于自己的机会，也无法实现自己的潜能。

这是小题大做吗？当然不是。我一直到上初中时，都是全年级个子最小的。那时学校学生经常"无法无天"。特别是在男生中，大个儿欺负小个儿如同家常便饭。我为此吃尽苦头，也留下了深刻的心理创伤。尽管我后来学业优秀，一路北京大学、耶鲁大学读下来，但是现在回想一下，觉得自己长期无法摆脱被人欺负的心态，性格懦弱，缺乏独创精神。

美国的学校，对于欺负人有所谓"零容忍"的政策，女儿得到的保护还是相当充分的。但是，这些还是不能抹杀一个简单的事实：她的身高和体重，使她在游乐场中成为天然的弱势者。毕竟，在小学低年级，游乐场是孩子社会化过程的核心场所，塑造着孩子心目中自己在社会上的地位。如果家长对这方面的现象熟视无睹，让孩子在游乐场中形成跟从心理而不是领袖心理，到了青少年期人格定型后，再矫正就变得非常困难了。

用女儿最喜欢的芭蕾舞大谈小个子的好处

我也正是以这些为着眼点来帮助女儿的。具体而言有两个步骤。第一是让她喜欢自己，第二是让她超越自己。女儿上小学一二年级时，曾经向我们抱怨过几次："我真希望自己长高一些，壮一些。现在低年级的孩子都比我高，甚至很轻松地能把我抱起来。"我们听了，马上哈哈大笑，摆出不以为意的样子。此时家长的态度非常重要。如果家长把这些当回事，孩子就当回事。如果家长觉得这些无关紧要，孩子也就比较容易看得开。不过，我们也并非一笑了之。我随后和女儿说："你要长高、长壮，就要好好吃饭。但是，吃得过多也不好。难道你不觉得有这么个细小的身材很幸运吗？"

"为什么？"一心想变高、变壮的女儿迷惑不解。

"看看，你是个芭蕾舞演员。你参加了《胡桃夹子》的演出。你要是长得那么高、那么壮，别人不能把你举起来，你能被选上台吗？"

"哦，确实是这样。"女儿的脸色一下子就"多云转晴"了。

我见女儿的眼睛亮起来，就借题发挥，大谈小个子的好处，并告诉她如果肥胖会有什么害处。这样，她开始喜欢自己的身体，并为之而骄傲，甚至日后饮食相当节制，不乱吃甜食、零嘴，让我们当父母的省了不少心。

用游泳训练引导孩子克服心理弱势

接下来，我就开始着手帮助她克服个子小所带来的心理弱势。具体的办法是游泳训练。这个选择其实很偶然。我们参加的健身俱乐部中有个游泳池，并有个孩子的游泳队。训练女儿游泳，并不是要她成为奥林匹克选手，而是要培养她的"成功人格"——明白任何伟大的业绩，都必须从小处着手，经过日积月累的修炼，最后只有那些持之以恒的人才能成功。

在第一堂游泳课前，我把女儿拉到一边，小声地告诉她："看看那些男孩子，都比你高半头甚至一头多。你可能游得过他们吗？"

"绝对不可能！"女儿急忙摇摇头。9岁的孩子心中早就有了成见：男孩子比女孩子壮得多。更何况人家这么大的个子，大概年龄也大一些。

"我也不相信。大概你是最慢的。"为了鼓励她，有必要先降低她的期望值。不过我接下来说，"也许你最终会看到意想不到的事情，也许有些结果会让你吃惊。我希望你能亲身体会一下，训练会把你变成一个连自己也想象不到的人。下面是你要做的：认真听从教练的每一个指令，注意每一个细节，严格完成教练分派的训练指标，每时每刻都要尽自己最大的努力。3个月后，你再看看结果怎么样"。

女儿就这样去了。一下水，那些大男孩就大模大样地往前冲出去，哪里把这几个小女孩放在眼里。女儿确实也只有在后面跟着的份。但是有一点，她学得比谁都认真：不仅专心于教练的每个示范动作，而且教练叫游 8 圈就游 8 圈，叫游 10 圈就游 10 圈，从来一丝不苟。那几个男孩子，则暴露出一系列的态度问题，比如不完成规定的训练量，不按教练吩咐的分解动作练习，有时累了，就说要上厕所，一去就不回来。时间久了，女儿和他们的差距越来越小。

两三个月后，这一切努力终于开花结果。游泳队不时有内部比赛，女儿频频击败那些高半头的男孩子。后来又来了两个高中生模样的男孩子，大概有 1.8 米的个头，女儿的个头还到不了他们的脖子。这两个男孩子开始根本不好意思和女儿在一个泳道。但是，教练不仅让他们在一个泳道训练，而且安排女儿领游。那两个男孩不服气，试图超过女儿，努力了几次不仅全部失败，而且无法跟着完成女儿的训练量，时常偷工减料，停下来聊天。

7 年体育锻炼，女儿终于收获"成功人格"

后来女儿在初二（七年级）时加入了学校的游泳预备队（加入正式游泳队必须要等到八年级），是年龄最小的队员之一，训练时经常在大孩子中领游，不时有和大孩子比赛的机会，战胜高半头的男孩子也成了家常便饭。

我们总抓住时机和女儿谈起游泳队的事情："看看那些男孩子，要说游泳的身体条件，全比你好得多，你根本不应该和他们竞争。但是，几个月的训练就改变了一切。天分当然很重要，但留着不用还是白白浪费。持之以恒的训练则让你超越自己。"这些大道理，对女儿来说已经不是抽象的说教，她都亲身经历过来。提起那些男孩子，她有时也无奈地摇摇头。

到小学毕业时，女儿已经成了班里的学优生。当别的孩子说她聪明过人时，她经常对我说："她们总是说我聪明。我不觉得自己哪里聪明，我只是比别人更努力些。可惜这些她们总是看不到。"

她还经常抱怨学校里的孩子一脑子成见，比如觉得这个同学聪明，那个同学不聪明，某某是干这个的材料，不是干那个的材料等等。在她看来，谁也不是什么现成的材料。一个人究竟最后成为什么材料，一切都要靠自己努力去塑造。

我作为父亲，看自己女儿当然不会客观。但是有一点我还是可以有把握地说：女儿到现在基本不用管，干什么都特别用功，特别自律。她懂得什么是"成功人格"，什么是"失败人格"。我每天操心的，几乎是和大多数家长相反的事：说服她做作业马虎点，分数低点没关系，最重要的是晚上按时睡觉。

可见，体育并不仅仅要让孩子身强力壮，还能培养孩子的品格和精神。毕竟体育能够最直观地向孩子展示人生。孩子形成了"成功人格"，人生才算是上路。她以后成就如何固然要看她的才能和潜力，但"成功人格"大致能够保证她最大限度自我实现。而一个自我实现的人，多半能享受比较幸福的人生。

（薛涌，2010 年 1 月）

第四节　普遍运动不足

运动不足是全球性问题。在"运动不足—适量运动—运动过量"的维度上，多数人处于运动不足的一端。据报道，成年人 23% 达不到世界卫生组织推荐科学运动量，11～17 岁青少年中 81% 达不到世界卫生组织推荐科学运动量。美国《2020 健康人群》数据显示，仅有 18.8% 的美国成年人达到科学健身推荐运动量。另据报道，美国成年人每周有氧运动量达到推荐 150 分钟者不足 25%，中国成年人不足 20%。

中国 2014 年经常参加体育锻炼人数比例为 33.9%。经常参加体育锻炼人数比例，指健身行为达到每周参加体育锻炼频度 3 次及以上、每次体育锻炼持续时间 30 分钟及以上、每次体育锻炼的运动强度达到中等及以上的人数占总人口的比例。但是不难发现，我国经常参加体育锻炼的运动量，与世界卫生组织推荐量相比，每周缺少 60 分钟中等强度有氧身体活动和 2 次大肌群参与的增强肌肉力量的活动。就是说，在 33.9% 的经常参加体育锻炼者之中，可能有很多人达不到世界卫生组织推荐科学健身量。从这个意义上讲，为提高国民体质，建设健康中国，全国人民还要在科学健身和适量运动方面加把劲。

运动不足并不是说居民从不尝试去运动，而是处于"意向—行动—

退出—意向"的循环之中。人类行为理论中的转换理论模型（TTM），提供了理解健身行为改变的框架。TTM 包含 5 个阶段：① 前意向阶段，指在未来 6 个月内没有规律运动的打算；② 意向阶段，指在未来 6 个月内有规律运动的打算；③ 准备阶段，指在未来 30 天内有规律运动的打算；④ 行动阶段，进行了小于 6 个月的规律运动；⑤ 维持阶段，进行了大于 6 个月的规律运动。在健身者努力改进健身行为过程中，通常 5 个阶段会线性依次出现，当然也会出现反复回弹和屡次失败后成功改变的可能性。普通人的运动健身往往停滞在第三和第四个阶段，反反复复、练练停停，只有少数人才能维持在第五个阶段。

美国运动医学学会提出了促进不同阶段健身行为改变的策略。① 从前意向阶段到意向阶段，强调坚持规律运动的益处，注意强调运动后的改变而非静坐少动的后果。探讨那些限制个体完成体力活动的因素，澄清其中的误解。比如，有人认为没有时间是不进行运动的根本原因，但事实上遇到这种情况，完全可以适当地缩短运动时间，或者将计划完成量化整为零。帮助意向者畅想参加短期运动后将发生的改变，如睡眠质量提升、压力水平下降、体力增加。探讨意向者自身静坐少动生活方式对配偶、子女等人造成的影响。② 从意向阶段到准备阶段。从阻碍运动的因素入手，一一寻找解决办法；进行自我效能感的评估与提升。探讨可能采取的行动。强调积少成多、日积月累的重要性。

小贴士

20 世纪 40 年代后期，一位名叫 Jerry Morris 的英国流行病学家在查看伦敦东区一家医院的验尸页时发现，在 20 世纪上半叶，心脏病发作的频率出现了惊人的上升。Morris 怀疑心脏病发作的频率可能与久坐不动的职业有关，于是他转向观察双层巴士。双层巴士司机坐在前面，开着巴士；列车员从车上跳下来，在楼梯上爬上爬下，拿着票，让人们坐到自己的座位上。当时在伦敦巴士上工作的数千名司机和售票员中，绝大多数是男性，而且大多数人的社会背景都非常类似。总的来说，他们的日常活动水平是他们之间唯一的显著差异。Morris 在双层巴士上观察发现，司机平均 90% 的时间是坐着的，而售票员每天上下爬的次数为 500～

750 次。后来，Morris 获得了这些人的医疗记录。Morris 对这些数据呈现出来的结果感到震惊，远超了他最初的假设：在死于突发性心脏病发作的情况下，久坐的司机几乎是移动售票员的两倍。Morris 的研究论文发表在《柳叶刀》上。Morris 的结论非常令人震惊与难以置信：运动在医学上是重要的，而且它的缺失导致了死亡和疾病。

第五节　有何健身障碍

健身障碍是一个社会反响较大的问题。大量媒体报道健身障碍是场地设施不足问题；田野认为群众健身障碍在科学指导不足，居民在参加体育活动时有很大盲目性；苟仲文指出健身障碍在"基层体育组织不健全，群众身边的健身设施不完善，社会力量参与不足，活动和赛事不经常，健身指导不到位"；还有很多群众感到健身障碍是没有时间。总之，居民健身障碍，原因在资源有限、健身素养和人性痛点等方面。

（一）健身时间有限

没有时间通常是爱好者最大的运动参与障碍。很多东西都可以再生，时间不可以再生。缺乏时间似乎可以解释为中国人缺乏运动的原因。中国人在世界上以勤劳踏实著称，但为什么参与健身不如一些发达国家公民积极呢？很大程度上是由于中国人太能苦干和加班了，把多数时间和精力投入到生活、学习和工作，忙碌中没有时间去健身。

然而，缺乏健身时间这一说法仍有争议之处。缺乏健身时间的根本原因还是重视程度不够。每周有 168 小时，只要抽出 1%的时间，也有100 分钟的锻炼时间，将这 100 分钟分配到 3 次锻炼中去，就能够保证每周锻炼 3 次，每次锻炼 30 分钟的水平，达到运动促进健康的基本要求。此外，时间是重要的锻炼成本，相比有钱、有权的精英人士来讲，普通人健身的机会成本更低，就更应该抽出时间锻炼。企业家郭广昌说："我们真的要沉下心，做对的事情，做难的事情，做需要时间积累的事情。"此话也适用到健身这件事。

（二）场地环境局限

场地器材是参与运动的基本条件，周边环境影响人们的运动体验。缺乏场地造成的运动障碍分为两种情况，一是绝对数量不足，比如足球场、健身公园、城市广场，提高人均场地面积在 14 亿人口的中国不可能短时间内大幅改善；二是场地使用率低，比如户外的篮球、排球和网球场地，在北方风雪天气、南方漫长阴雨天气里基本闲置，使用率较低。

提高场地使用率，一方面可以在户外场地加盖顶棚或修建室内场地，另一方面是增加或延长灯光照明，加长开放时间，事实上这方面也可以体现中国社会治安稳定的优势。就近就便是人们对运动健身场所的现实需求，特别是老年人通常在居住半径 2 千米以内参与运动锻炼。为了增加场地设施的可及性，修建社区健身设施和健身步道是低成本的方法。同时，推广简便可行的科学健身方法，有利于促进老年人的健身参与。

（三）依赖健身伙伴

人是社会性动物，拥有理想的健身伙伴能够增加健身乐趣、锻炼效果和运动安全。广场舞、足球、篮球等项目需要有一定数量参与者才能玩得起来，离不开群体支持和组织动员环节；乒乓球、网球、羽毛球离开对手就无法比赛，并且双方水平差距不能过大，才能打得难分难解，否则会浪费时间过多，索然无味，导致运动量难以保证；即使是跑步、登山、游泳等个人项目，拥有好伙伴也利于切磋交流、提高运动技艺，分享运动体验。

然而，人的因素是最难控制的，寻找爱好、水平技能、时间等方面都匹配的健身伙伴不是一件容易的事情。有些人把坚持运动锻炼的期望寄托在他人身上，往往很容易落空。拥有健身伙伴有助于达成快乐健身的目标，但是没有伙伴也需要坚持健身。健康和快乐二者，如果现实条件不允许我们得兼，至少要保证得到健康。将时间线拉长来看，漫漫人生路，健身伙伴总是阶段性的，来来往往，过客匆匆，而身体却伴随自己一生。因此，应该抛弃健身依赖伙伴的奢望，主动把控锻炼规划，保证自己有一些独自健身的锻炼理论、锻炼项目和锻炼方法。

（四）重视程度不够

从居民科学健身素养来看，首先是重视程度不够。尽管人们普遍认识到生命在于运动，但并没有将运动健身放到与吃饭、睡觉、学习一样重要的地位，也没有形成像洗脸、刷牙一样日常坚持的良好习惯。高度重视才不难坚持，比如一位热爱健身的非洲留学生曾对笔者讲，"我每天去健身房，如果不去锻炼，我会吃不下饭、睡不着觉"。

然而，很少有人能够从全生命周期的高度，谋划自己的终身健身计划，培养感兴趣的运动项目，从参与运动项目中获得持续的健康收益。重视不够还体现在低估了长期坚持健身的难度，养成终身锻炼的习惯需要投入大量时间、精力、金钱等资源，对普通人而言是一辈子的挑战。因为重视不够，普通人还容易受到错误价值观和信念的束缚。比如，很多人轻易断言自己不适合某项运动或者永远也学不会某项运动技术，甚至断言自己不适合运动健身，画地为牢，习得性无助，为参与健身盖起了心中的墙。

（五）知识技能不足

那些能够长期稳定参与健身的人，大多在知识技能，甚至信念和意志力方面有过人之处。知易行难，知和行之间本来就有巨大的鸿沟，即使已经掌握丰富健身知识的人，也不一定能够坚持健身，更不用说那些健身知识不足的人。比如，科学健身的运动推荐量，本应该成为健身者衡量运动量的标尺，但目前还没有被健身者普遍了解。

普通人在有限的精力和时间投入下，运动技能水平不高，很难保证健身效果和保障健身安全。比如基本的跑步，笔者在中小学生体质测试 50 米项目和职工运动会 100 米跑比赛中，经常看到有人摔倒。这些人往往在摆臂、蹬地、平衡和视线方面存在技术缺陷，一旦全力奔跑，很容易暴露出来问题而导致受伤。健身知识技能体系庞杂，健身者爱好也五花八门，全面掌握健身知识技能既不可能，也无必要。因此健身者必然有所取舍、去芜存菁，以牢记基本知识、掌握核心技能为理性选择。

（六）目标不够明确

每个人的兴趣和需求不同，运动锻炼的目标也是多种多样。健身目标对运动参与者而言就是要求解的问题，这个问题要找准，不能含糊。愚蠢的问题会找到愚蠢的答案，模糊的问题甚至永远找不到答案。运动促进健康，但如果把健康作为运动的目标，那就太笼统了，倘若精细定位到有氧能力、肌肉力量、柔韧能力和平衡能力，则更加明确和具有可行性。

通常的健身目标有促进生长发育、防治某些疾病、保持健康活力、延缓衰老、增强体质、提高工作效率、丰富文化娱乐生活、调节心理状态、提高生活质量、学习掌握运动技能和方法、提高竞技水平。尽管确定健身目标不能困于一元论的思维，但是为了能够长期坚持，必然需要理清主要目标，比如青少年踢足球、打篮球主要为了好玩，中年人踢足球、打篮球更多是为了减压，而老年人运动则是为了保持健康活力。如果将锻炼健身看作"治未病"的一味药，那么显然最重要的是对症下药，找准靶点，目标、手段明确，才能保证疗效。

（七）人性的弱点

基于人性的弱点，有些健身者过分急于求成。尽管运动能够伴随心理的愉悦，但是对人体生理技能的改造没有立竿见影的效果，不会像止疼药一样吃下就见效。有氧锻炼对心肺能力的改善大约 6 个月效果才明显，健美训练使肌肉维度增加大约 3 个月才可明显看出。然而有些健身者急于求成，特别是以减脂塑形为目的的健身者，总希望能够马上看到效果，倘若短时间感觉不到进步，便会怀疑自己，轻易放弃。

有些爱好者，特别是青少年在球类对抗性项目中过于好胜，希望快速提高自己的运动技能。然而，技术学习具有泛化、分化、自动化的提高规律，妄想一步登天是不可能实现的。好胜而又懒惰，不够努力，换来的是一次次的失败，失去更多的面子，进而导致挫败感和自卑感，最终会以种种理由退出一项运动。

贪婪和懒惰是人性的弱点，人们常常希望以少的付出得到多的结果。有些爱好者忽视人体的负荷和恢复规律，进行短期冲刺式的锻炼。比如每年 5 月，都有一些大学生涌入健身房锻炼上肢肌肉，希望以饱满的胸大肌和肱二头肌，撑起即将要上身的夏季短上衣。这种短期跃进式的锻炼自然有其价值，但本身也是没有稳定锻炼习惯的体现。急于求成反映了健身者对锻炼效果的时间偏好，是一种急于消费健身成果的心理。然而，用进废退是人体器官组织的基本规律，假如停止锻炼，这些短期突击练出来的肌肉也会在短期内萎缩。归根结底，饱满肌肉需要有规律的健身参与习惯才能支撑，长期而言，短期冲刺式的锻炼意义不大，明智的健身者应把握健身目标和健身习惯的平衡，以成熟冷静的心态坚持长期健身，这样也能减少突击训练带来的运动伤病。

健身故事（1-2）

共和国勋章获得者钟南山健身故事

运动史

钟南山，1936 年 10 月出生，福建厦门人。出身于医学世家，呼吸病学专家。从小就喜欢参加竞技运动，主要包括游泳、跑步、踢足球、打篮球等，比较突出的是跑步。在大学期间曾破 400 米中栏全国纪录，在学校由他创下的几项运动纪录至今无人能破。钟南山回忆说：以前锻炼只是一个不自觉的行为，是自己喜欢。因为锻炼后有充沛的精力，后来慢慢体会到这样的好处，就慢慢养成了自觉锻炼的习惯，不管自己再忙，时间再紧张，也要挤出时间来锻炼身体。时至今日 84 岁的钟南山仍在坚持锻炼，在繁忙的工作之余，每周他都会抽出 3～4 天下班后的时间，进行 40～50 分钟运动。主要是在跑步机上快走，锻炼下肢、内脏；然后做杠上撑起、引体向上以及仰卧起坐和俯卧撑，锻炼上肢力量，有时候一两周全家还会出去游泳一次。

健身行为

钟南山在抗击"非典"和新冠肺炎疫情斗争中做出杰出贡献。在 2020年新冠肺炎疫情防控期间，84 岁的钟南山身材挺拔而健硕，身体状态丝毫不逊色于身旁的年轻人，这也得益于他几十年如一日的锻炼。同时，钟南山抗击新冠疫情期间居家健身在网上广泛流传，为居民健身提供了样板。

钟南山每周仍抽出三四天下班后的时间进行锻炼。为了节省在外面锻炼的时间，他就在家安装了一台跑步机、一个单杠和一个简单的双杠。每次锻炼时间大概40～50分钟。一般都是先在跑步机上快走5分钟，然后跑步，前后大概25分钟。跑完步之后通过做杠上撑起和引体向上来锻炼上肢力量，有时还会做仰卧起坐和俯卧撑，以及用拉力器做各种拉力锻炼。快步走和跑步主要锻炼下肢、内脏，引体向上、杠上撑起、仰卧起坐主要锻炼上肢力量，这样全身肌肉都得到了锻炼。

他根据自身的运动能力制定了适合自己的运动目标，杠上撑起一般一口气做20个，引体向上一口气做10个，然后就不做了。钟南山说：做完就不做了，不是做不动了，是适可而止。因为一方面我时间比较紧张，另外主要是到我这个年龄，最重要的是保持体能，而不是以增强体质为主。增强体质是在原来体能基础上更好，那需要很多时间来锻炼，对我来说，现在最重要的就是保持体能，有一个好的体能才会有好的精力，才能承受日常的工作。

健身认知观念

钟南山认为，运动和吃饭、睡觉一样重要，对整个生活、工作等各方面质量的提高都有好处。人在50岁以前一般都有很强的代偿能力，睡少一点或者是不去进行身体活动，精力、体能不足不会很快显示出来。但过了中年后，50岁以后，就会很明显表现出来，经常参与锻炼和没锻炼的人差别很大。钟南山说：我有很多同学不到我这个年纪，甚至是早10年前身体就已经不行了。他们不像我，把锻炼作为像吃饭、睡觉一样，成为生活中的一部分。无论自己再忙，空闲时间再少，也要挤出时间进行身体活动。坚持锻炼主要是个人有没有这个决心，或者有没有看到锻炼的必要性，有没有前瞻性，对自己一生的前瞻性安排。自己的代偿能力怎么珍惜它，怎么做好储备，很多人不能认识到，而通过坚持锻炼能够增强这个储备。

几十年坚持不懈地参与身体锻炼对钟南山的生活和工作产生了巨大影响。年轻时参加竞技运动给他带来特别大的好处。除了身体之外，很重要的就是思想、意志品质方面。跑步总是要争取最好，参加跑步以后他就成为一个力争上游的人，培养了不服输、力争上游的品质，这对他后来影响相当大。另外，因为他当时是业余运动员，要兼顾学习和锻炼，就要学会怎样提高时间效率，集中精神。因为训练需要时间，比别的同学读书时间少，所以要想办法在有限的时间里读好书，锻炼给他这一方面的帮助是相当大的，使得他能够高效率地工作。竞技运动还培养了团队精神，像参加接力赛之类的，都需要团队协作。除此之外，更重要的是这培养了他很强的抗挫能力，培养了一种比较阳光的性格。常常锻炼身体，有比较好的身体，常常看到的是阳光、光明的一面，对他整个成长过程都起到了关键作用。

经验启发

现在很多人认为健身就是锻炼肌肉，钟南山说：其实我的体会还是对体质的锻炼。人的身体素质包括四个方面，即力量、耐力、柔韧性和灵敏性，这四个方面都需要锻炼，肌肉的锻炼实际上仅是力量锻炼。钟南山认为，快步走、游泳、太极是最适合中老年人的运动。

快步走对全身的代谢帮助很大。走路是人自然的姿势，不需要去学；另外，快步走不需要任何设备，在任何环境都可以。人过中年以后，不能够做剧烈运动时，所以快步走是最好的。更重要就是，现在已经有很多研究证明，每周步行 4 小时相比每周步行小于 1 小时的人，心血管发病率减少 69%，病死率减少 73%。

游泳是一个水平运动，不需要很强的支撑。中老年人的膝关节、脊柱多少有磨损或者骨质疏松，所以走起路来会腰疼、腿疼，但游泳不会引起这些，反而会改善，它对膝关节的保护比较好。游泳的时候身体是平的，心脏的负担也比较小，也锻炼内脏。像很多中年以上的职业医生整天坐着低着头，颈椎、腰椎常常出问题，如果游蛙式的话，它会强迫你抬头。

太极运动很大成分的支撑在大腿和腰，大腿和腰是太极运动主要锻炼的肌肉。另外太极不仅仅是体育锻炼，很重要的还是身心合一，让人消除杂念，聚精会神，这对心理锻炼有很好作用，对老年人来说很适合。

第二章
选择极简健身

肉体是每个人的神殿，不管里面供奉着的是什么，都应该好好保持它的强韧、美丽和清洁。

——村上春树

第一节　为何极简健身

一、普通人健身知识需求

生命在于运动，运动需要科学。普通人不是运动专家，不需要掌握精深的运动知识。那么，普通人的运动知识掌握到什么程度，才算得上是会健身，才算得上是在科学健身呢？作为旨在献给普通人的健身书籍，本书分析普通人的健身特点，从而明确普通人的健身知识需求为何越简单实用越好。

（一）构建知识框架

健身是一种身体自我管理。健身不同于学校体育，因为学生是在体育老师的指导下进行体育锻炼；健身也不同于竞技训练，因为运动员是在教练员的指导和监督下训练（表2-1）。一个简单的事实就是，健身是你的自主行为。正如毛泽东所言，锻炼在于自觉。可见，参与健身涉及的知识框架，包括健身意识、健身目标、运动项目、运动负荷、训练监控、伤病预防和康复等大量知识，多数情况下都需要你主动学习、梳理、总结。所谓健身先健脑，没有知识的武装，你在运动场很难取得理想的健身效果，并且产生运动伤病的概率更大。健身者对清晰知识体系的需求一直很强烈，这是《囚徒健身：用失传的技艺练就强大的生存实力》市场反响巨大的原因，保罗给健身新手绘出一幅清晰的进阶蓝图；这也是国家体育总局在2017年推出《全民健身指南》的原因，因为国家希望给健身人群提供一本方便实用的健身口袋书。

表 2-1　各类运动参与特征比较

	人群	目标	环境	周期训练	指导者
健身	普通人	保持健康	各类环境	无	自己
体育课	学生	健康第一	学校	无	体育老师
体能训练	运动员	强壮制胜	训练场馆	有	教练员

（二）关注投入产出比

投入产出比是指以有限的时间投入取得满意的健身效果，也就是健身效率，是你不得不考虑的问题。你同多数普通人一样，将健身作为一种健康的生活方式；你同多数普通人一样，也仅仅是将健身看作一种生活方式，而不是生活的重心。你不是健身教练，理性的选择就是不应将健身拔到一个太高的位置，你的工作、学习、家庭甚至娱乐，重要性至少不低于健身。考虑投入产出比，你对健身知识的需求必然是聚焦重点，虽然健身涉及多学科的知识，但你最应该关注的是基本的、管用的、重点的知识，同时不必在原理和机制方面涉猎太多。现实地讲，如果你连每周 3 小时的健身时间都难以保证，又怎么可能要求你投入大量时间去学习健身知识呢？

（三）做一项长期投资

健身是一项长线投资，是一场任重而道远的旅行，不是一劳永逸的事情。越是长线投资，越是需要科学的、确定的、简明的知识，以避免漫长旅途中走弯路。更何况，在你的童年、少年、青壮年和老年不同的生命时期，你可能会喜欢和尝试不同的运动健身项目，关注的健身收益重点也会不同。由此可见，你需要的健身知识应该是科学的、确定性高的知识，而不是什么运动项目时髦就学什么项目。健身知识中最确定的一条就是用进废退，肌肉产生力量，力量源于负荷，就是说如果你要增肌，必须增加负荷量使机体超量恢复；如果你要保持肌肉和体能，则不必挑战大负荷运动量。

（四）需要知行合一

健身贵在知行合一。换言之，你既要适量运动，又要长期坚持。王阳明说，未有知而不行者。知而不行，只是未知。你的健身理论知识需要实践效果的检验。你需要在干中学，在运动场验证和增长知识。这就说明你的健身知识必须是实用和可行的，如果你设计的健身方案在运动场难以执行，很可能不是你运动能力的问题，而是你健身方案不够科学合理。健身是一种实践，这就要求你的健身知识能够解决实际问题和痛点。目前，我国很多普通人的健身痛点是，缺乏力量锻炼、有氧锻炼不足、健身难以坚持、不会适度健身、不会经典动作、不会制订计划等。因此，聪明的健身者一定是围绕这些痛点寻找答案，积累知识。

二、健身知识分析

（一）健身学科知识

健身贵在科学，我们首先需要了解科学健身的知识基础（表 2-2）。健身知识非常庞杂，但主要包括 4 个方面学科知识：运动人体科学、运动训练学、锻炼心理学、体育管理学。作为健身参与者，你并不需要全面掌握这些知识，但需要提纲挈领，把握学科知识中的核心内容。你并不需要在掌握了很多知识后才开始行动，而是在干中学，在锻炼过程中不断反思学习，解决遇到的困惑和难题，梳理总结，螺旋式提升知识水平。

表 2-2　健身学科知识基础

·运动人体医学	·锻炼心理学
－运动能力测评	－锻炼习惯养成
－运动处方	－健身行为理论
－运动损失预防康复	－锻炼激励机制
·运动训练学	·体育管理学
－健身动作技术	－锻炼目标
－健身训练计划	－健身效率
－健身周期训练	－资源与风险管理

运动人体科学包括运动医学、运动生理学、运动解剖学和运动生物力学等。首要是运动医学，运动医学是健身者运动处方、运动测试、运动益处的知识来源，是一门将医学与体育运动相结合的综合性应用科学。运动医学知识对体育运动参加者进行医学监督和指导，从而达到防治伤病、保障健康、增强体质和提高运动成绩的目的。运动医学还在预防运动损伤、避免身体伤害、科学健身康复方面发挥作用。"健康中国 2030 规划纲要"建设背景下，越来越多医生拥有运动处方师资格证书，给健身者提供个性化运动处方。运动处方是指针对个人的身体状况，采用处方的形式规定健身者锻炼的运动种类、运动强度、运动时间及运动频率（FITT），提出运动中的注意事项。理解健身动作和生理效果的机制，主要依据运动生理学、运动解剖学和运动生物力学的知识。比如运动生理学的超量恢复、运动疲劳机制，有助于合理确定运动量，了解骨骼肌肉的解剖知识，可以使练习更加合理防治伤病，掌握运动生物力学知识，可以使动作更加合理、更加安全。

运动处方告诉健身者哪些是健身活动中正确的事，而如何做好这些正确的事，主要通过运动训练学解决。运动训练学是从众多专项的训练实践中总结出带有普遍意义的共性规律。如何将运动处方制定的正确的事情做好，取决于方法的使用，这些方法主要来自运动训练学知识。比如运动处方指出有氧能力的提升主要通过跑步、游泳、自行车等活动实现，但这些项目的姿势、节奏、负荷提升规律却不是医生的特长，而是教练员和运动员的知识领域，需要在锻炼和训练实践中领会。运动训练学是体育学科中特有的知识领域，一般训练学和专项训练学是健身爱好者需要关注的知识，健身项目技战术能力的提升，能够增加锻炼效果和依从性。

锻炼心理学提供了人类锻炼行为改变的丰富理论，帮助个体接受和坚持锻炼计划。人们在参与和坚持运动健身时面临各种各样的挑战，可以通过不同的行为理论得到更好的理解和处理。比如社会认知理论和自我效能、行为转换理论、健康信念模型、自我决定理论、计划行为理论和社会生态学理论。目前增加锻炼坚持性、养成健身习惯的相应策略，有建立自我效能、动机干预、自我激励、组织者互动、社会支持、认知行为强化和情绪调控等方法。

体育管理学科知识在促进居民科学健身中的作用，以往没有得到足够重视。管理学就是管理者通过恰当安排对象系统及其要素，高效达成目标的科学。运动健身管理，就是通过科学的方法提高资源的利用率，力求以有限的资源实现尽可能多的健身目标。锻炼者确定健身目标、制订锻炼计划、激励健身行为、组织健身活动、控制健身进程和锻炼风险方面，都离不开管理学知识。运动健身管理为落实《全民健身指南》和依从运动处方提供坚实的学科支撑。

（二）经典健身书籍

运动人体科学类书籍以《ACSM 运动测试与运动处方指南》和《ACSM 老年人科学运动健身》为例（表 2-3）。鲜明的特点是有扎实的科学研究成果支撑，对运动测试、运动处方、慢性病患者和老年人运动参与选择有中肯的建议，尤其是《ACSM 运动测试与运动处方指南》，根据运动行为理论提供了健身干预和促进策略。这些书籍对健身者把握科学锻炼的适宜运动量，提供了可信度较高的参考数值。然而，作为学术成果汇编，上述著作对健身动作和健身计划没有展开，也就难以给健身者提供操作化建议。

表 2-3　ACSM 健身书籍内容比较

ACSM 运动测试与运动处方指南		ACSM 老年人科学运动健身	
第一章	体力活动的益处与风险	第一章	了解人类衰老
第二章	运动前健康筛查	第二章	体力活动对于健康老年人的身体与心理益处
第三章	运动前评价		
第四章	健康相关体适能测试和分析	第三章	积极生活——给老年人的选择和福利
		第四章	激励老年人开始并保持一种积极的生活方式
第五章	临床运动测试		
第六章	临床运动测试结果分析	第五章	健康老年人的体力活动设计
第七章	运动处方的基本原则	第六章	老年特殊人群的运动选择
第八章	健康人群在特殊情况下和特殊环境中的运动处方	第七章	评估老年人体力活动、体适能及进展
		第八章	老年人健康生活方式：整合体力活动与营养来保持健康的身体成分和预防残疾
第九章	心脑血管疾病病人的运动处方		
第十章	其他慢性疾病人群和有健康问题人群的运动处方	第九章	帮助老年人选择合适的身体活动计划
		第十章	经常被问到的关于体力活动的问题
第十一章	行为理论和运动促进策略		

目前《锻炼心理学》书籍主要有两本，一是华东师范大学出版社杨剑撰写的专著，二是高等教育出版社李京诚主编的教材。书籍内容包括：锻炼心理学的绪论、锻炼行为理论模型、锻炼动机、锻炼与应激、锻炼与人格、锻炼与自尊、身体自尊、锻炼与身体意象、锻炼与情绪。体育锻炼与幸福感、锻炼与认知功能、锻炼行为干预。由于书籍读者群体是普通高等学校社会体育与管理专业和体育类专业的学生，旨在提高专业学生的理论水平，对普通健身者提高理论素养有所帮助，但如何结合实践干预健身行为，缺乏实例和操作建议。

尽管市场上有很多健身训练类的优秀书籍，但普通人以有限的时间、精力阅读这些书籍，容易出现选择困难，抓不住重点。原因之一是有些书籍是面向专业人员，普通健身者阅读难度过大，如汕头大学出版社的《实用体能训练指南》是面向教练员；人民体育出版社的《体能训练》是面向体育专业学生；瑞比托撰写的经典著作《力量训练基础》是面向力量举爱好者。还有一个原因，有些健身书籍内容过于庞杂，普通健身者还需要花费很大精力去甄别选择其中的动作，比如《施瓦辛格健身全书》提供了 153 个健身动作，《囚徒健身：用失传的技艺练就强大的生存实力》提供了 60 个健身动作，《无器械健身》提供了 120 个健身动作，尽管这些书籍不乏真知灼见，但对普通健身者友好度不足，很少有读者能够耐心地照着练。

现在国内针对普通大众科学健身需求的书籍，首推《全民健身指南》。田野教授主编《全民健身指南》2017 年由国家体育总局正式对外公布。该书实现了健身知识的有效整合，内容简明扼要，仅有 12043 个字，但指南的科学性和系统性强，主要包括体育健身活动效果、运动能力测试与评价、体育健身活动原则、体育健身活动指导方案等内容。《全民健身指南》2018 年修订后内容有所增加，实现了人群的全覆盖，既涵盖了青少年、中年人、老年人等不同年龄健康人群的运动健身指南，又有针对高血压、糖尿病、超重和肥胖、高血脂、骨质疏松等不同慢性病人群的运动处方。限于篇幅，《全民健身指南》在动作习练和健身习惯养成方面没有能够展开介绍。本书受《全民健身指南》撰写思路的启发，力求撰写一本普通健身者能够照着练的书。

如果能够以药丸的形式购买健身，那会成为处方开具量最大、最有益的药品。你不需要在健身房汗流浃背，只须吃个药丸就可以取得体育训练带来的好处，也许这类药物能够改变无数由于肥胖或严重身体残疾而没法运动的人的生活。科学家们发现一种实验药物能够使小鼠在跑步机上跑 270 分钟才精疲力竭，而没有服用这类药物的小鼠只能坚持 160 分钟就达到身体极限，这个发现使运动药丸成为可能。早先，圣地亚哥索尔克研究所的 Evans 发现可以用 516 号药物代替训练。在服药 4 周之后，老鼠的耐力最高增加了 75%；如果允许他的老鼠做运动，那些服用了 516 号药物 8 周的老鼠，可以比那些没有服用药物的老鼠多跑将近一个半小时。类似研究，英格兰南安普敦大学的化学生物学家塔瓦索利（Tavassoli）在设计一种筛查新型癌症药物的方法时偶然发现了他的药物——化合物 14。在最近的一篇论文中，他和他的同事们发现，化合物 14 使肥胖、久坐不动的小白鼠的血糖水平在 1 周内达到正常水平，同时体重下降了 5%。科学家对此有相反意见。西奥多·加兰德（Theodore Garland）研究指出，人类发展的很大一部分动力来自节约能源的必要性。他并没有设计出一种可以替代人体运动的药物，而是选择了一种不同的药物解决方案。加兰德更感兴趣的是可能会让我们更有动力去锻炼的药物。威尔逊（Willson）是一名铁人三项运动员，他说，他喜欢有规律的锻炼，这是他生活方式的一部分，服用一片药会让人感觉像是在作弊。

第二节　极简健身理念

一、极简健身的界定

极简健身是一种遵循极简主义生活理念的健身管理方案。依据"少就是多"的极简主义生活理念，通过简化和聚焦，回答健身者的根本问题：为了得到运动锻炼带来的健康福祉，即身体强健、精力充沛，至少应该怎么锻炼？

极简健身着眼的是给普通人提供可行的健身方法，让健身新人学会锻炼。极简健身为零基础至中级水平健身者而写，目的是使新手成为精明干练的健身者，在家庭、社区、运动场和健身房等场景都能够干净利落地完成有效锻炼。本书提出初中级健身者基本体适能训练的可行体系，希望为大众所用。遵循辩证思维、底线思维、精准思维的科学方法论，通过对理论依据、训练方案、资源投入和训练调控的梳理分析，细化落实《全民健身指南》实践方案，呈现清晰的健身路线图，引导居民学会科学健身。

以极简主义理念看来，健身目的越明确越好，健身过程越简单越好。尽管人们出于多种目的参与健身，但他们健身的最大公约数就是心肺更有力，肌肉更强健；尽管人们对健身过程有各种诉求，但一个共同的主题就是减少健身弯路，提高健身效率。

极简健身强调健身思路和方法的简单、科学和可行。我们深知，健身是有一定门槛的，如果不了解一些基础知识，就很容易陷入茫然或伤病。我们也不追求先进的、时髦的、最新的健身方法，相反，我们认为经典的、基本的健身动作足够满足普通人的健身需求。

但是，极简健身并不是傻瓜式健身。极简健身仍然具有丰富内容：有氧健身和力量锻炼的均衡安排，是基于国内外科学研究成果。极简健身不会因为追求简单和可行，而放弃对健身效果的追求，相反，极简是为了更好地追求健身质量。我们深知，普通人辛辛苦苦上下班被虐得死去活来，末了还要健身花钱、花时间虐自己有多辛苦。极简健身提供的方法，就是让普通人更好地做到工作、健身平衡，能够终身健身。

二、极简健身的特征

（一）聚焦基本目标

极简健身是做减法，具体而言就是健身目的极简、项目极简、动作极简、环境极简、组织极简。目的极简，就是在健康、快乐、社交、提高等最高级的健身目的中做出选择，理清核心目的，然后有的放矢、对症下药。如果选择健康，也要在有氧能力、肌肉力量、柔韧素质、平衡能力等方面选出重点，作为一个阶段或一次锻炼解决的问题。项目极简，是指从成百上千个运动项目中选择感兴趣、有基础、有条件、有效果的运动项目，将时间和精力投入一两个项目，从中获得持续的健身收益。动作极简，是指掌握某个运动项目中最核心的动作，不断磨炼提升水平，伤其十指不如断其一指，从最擅长的动作中体验乐趣，收获健身效果。环境极简，是指降低对运动场地设施的依赖，尽可能参与对环境条件要求不高的锻炼方式，比如跑步、散步、俯卧撑等方式，应该成为健身工具箱里面的必备品。组织极简，是指尽可能减少健身活动对他人支持的依赖，通常一个人去健身的确会更加枯燥一些，但比坐在乒乓球台旁等对手来的感觉要好。

极简健身的目标少，主要是发展有氧运动能力和肌肉力量。这两项运动能力的提升是体育运动为健身者提供的核心价值。因此，我们遵循底线思维，介绍对初级训练者最有帮助的有氧和力量锻炼知识。运动改造身体，通过锻炼实现身体精力充沛、体型匀称、器官功能良好，是基本的产出目标。为了实现改造身体的目标，在锻炼行为上就是适度运动，就是在锻炼行为上实现明确的目标。换言之，保证了锻炼行为，也就保证了健身产出。行为目标，对普通人而言就是每周 3 次以上总计 150 分钟中等强度有氧锻炼和 2 次肌肉力量练习。实现这一行为目标，是极简健身关注的核心问题。

（二）聚焦少数动作

极简健身的动作少。世界上有成百上千个运动项目，每个运动项目又包括几个到几十个动作，据统计在一个普通健身房就可以做 1600 多种健身动作。如何选择适合的运动项目和锻炼动作，是健身者面临的现实问题。有人也许会说选择喜欢的项目就可以了，但假如你选择的项目健身效果不佳呢？事实上，多数健身者对力量练习的动作了解不多，一知半解、手足无措，即使有机会走进健身房，也是将器械摸一遍、练一圈，浅尝辄止，不能物尽其用。

极简健身者重视复合动作和自重练习。比如，我们重视俯卧撑、深蹲、引体向上、双杠臂屈伸和 4 个基础动作（表 2-4）。一方面，这些动作经典、高效、习练难度低、场地设施依赖度低；另一方面，健身者没必要，也不可能真正掌握很多的健身动作。对初中级健身者而言，很多时候习练孤立动作只是浪费时间，将本来该用于复合动作练习的时间用在了没有效率的地方。少则得，多则惑，这话用在健身动作选择上可谓一言中的。

表 2-4 综合分析健身动作

动作	场地依赖	习练难度	配重方便	综合星数
俯卧撑	☆☆☆☆☆	☆☆☆☆☆	☆☆☆	13
深蹲	☆☆☆	☆☆☆☆	☆☆☆☆☆	12
引体向上	☆☆☆☆	☆☆☆☆	☆☆☆☆	12
双杠臂屈伸	☆☆☆☆	☆☆☆☆	☆☆☆☆	12

（三）聚焦健身质量

极简健身强调提高健身质量，根本原因是没有锻炼品质就很难坚持。很多人退出健身是因为没有感受到效果、体验到进步，当新鲜感和锻炼决心消失以后，不知道怎样一步一步安排训练，也不知道每一步会有哪些提升和遇到哪些困难。健身者对锻炼目标、方法、阻碍认识的模糊不清，最终形成半途而废的局面，退出锻炼。极简健身者看来，打磨基本动作就是提高锻炼的质，规划成组练习就是提高锻炼的量。健身者带着质量意识，有的放矢，聚焦品质，健身就成为一件明确简单、路线清晰的事情。

当健身者将注意力集中到少数动作之后，也就开启了健身质量提升的大门。即使是体育门外汉，从零基础开始健身，如果能够坚持练习俯卧撑、引体向上和深蹲 6 个月，那么对动作的路线、发力、节奏必然会有自己的心得。绝大多数人做过俯卧撑，但很少有人深刻理解如何提高俯卧撑动作质量。当我们真正重视它的时候，经典健身动作就像股市中的优质股，能够使投资者持续不断地受益。

极简主义者不重视数量，但重视质量，对质量问题从不妥协。他可以多年使用同一件物品而不购置新的，但是这件物品一定是他喜欢的，能够物尽其用。健身这事与之同理，极简健身关注的不是练习动作的多样化，而是运动负荷的渐进增长，专注训练质量。锻炼中关键的变量是运动负荷，通过调整负荷强度和负荷量，给予身体足够的刺激，让身体强健有力。

质量提升的关键在于专注。专注指的是始终关注运动健身中的基本（foundation）部分。瑞比托的《力量训练基础》指出，健身者不需要做很多不同的练习来变强——只需要做少数几个重要的练习就可以变强，这些动作能够把全身当作一个系统，而不是孤立的各个身体部位的集合来训练。简明实用的健身方法往往经过时间验证，影响广泛并深受欢迎，例如传统养生运动八段锦、简化 24 式太极拳和中小学广播体操。投资学领域巴菲特和芒格的"能力圈"概念，可以很好诠释极简健身的"专注"。巴菲特投资致富是从少数熟悉的股票中获得超额收益，认清自己的优势，只在能力圈里下注。与之类似的，运动健身是对健康的投资，健身者也要恪守自己的能力圈，在少数健身内容中坚持锻炼，获得持久的收益。基本的健身内容，例如跑步、徒手深蹲和俯卧撑，带来的健身收益却很大。正如在国际象棋和太极推手两个项目上都获得世界冠军的维茨金所言，成为顶尖选手并没有什么秘诀，而是对可能是基本技能的东西有更深的理解。

提升锻炼品质，极简健身指的并不是只做简化，而是聚焦有限的锻炼内容后，提升锻炼质量，获得更多健康回报。从管理学角度，既然在锻炼目标中明确了主次，如果健身者在主项上取得进步，那么他就正在变得更强壮，并处在完成目标的过程中。运动健身的严肃性体现在每天要练得更深一点而不是更广一点。品质提升靠的是科学确定训练目标，健身者能够尽快明确练习的次数和组数，利用超量恢复规律，实现锻炼负荷的渐进增长，进而从健身效果获得自信和坚持。

（四）重视资源匹配

健身就是生活，不可能与工作、学习、娱乐等其他日常活动完全隔离。对绝大多数普通人而言，健身并不是生活中最重要的事，人们不可能天天锻炼供奉一副皮囊，因此运动健身与其他日常生活的平衡，是健身者不得不考虑的事情。这集中体现在锻炼时间投入问题。每周 168 个小时，极简健身者只需要投入 2.5 个小时就足够。从健身生活平衡考虑，普通人也不必追求成为肌肉男、业余高手、球场明星，因为付出和收获不成比例。比如某影视明星肌肉锻炼效果为轮廓分明、略有胸肌，塑造健康阳光形象，吸粉效果明显。但如果投入大量精力锻炼成肌肉男，可能适得其反。

极简健身者重视场地设施与锻炼计划的匹配。看菜吃饭，量体裁衣，有什么样的场地环境，就实施什么样的锻炼计划。极简健身提出 3 个场地环境的肌肉力量锻炼建议：在自重无器械环境，建议俯卧撑和徒手深蹲；在自重简单器械环境，建议引体向上和双杠臂屈伸；在健身房等抗阻训练环境，建议负重深蹲和坐姿下拉。

（五）强调合理可行

极简健身遵循科学健身理念。康德认为人们运用理性的地方就是科学；赵鼎新认为科学是片面而深入看问题的方法。对于普通人参与健身而言，科学体现在健身方案的合理可行。合理是指遵循运动训练学、锻炼心理学、运动医学和体育管理学的规律，科学锻炼目标设置、运动诊断和评价、健身动作选择、运动负荷设定合理。可行是指健身方案与健身者的行为阶段、环境设施匹配度高。我们注意到，健身效果好的方案不一定都可行，比如《柳叶刀》上有文章认为，挥拍类的球类运动和团队锻炼是身心方面都受益最高的运动。然而，球类运动和团队锻炼对组织化要求过高，对普通人而言，维护组织社会网络需要花费很大成本，所以并不适合作为普通人健身的首选。

既然是极简健身，必然是寻求适用于广泛人群和大量场景，对健身资源条件依赖度低。首先是场地设施要求不高，例如俯卧撑是自重练习，基本对场地设施没有硬性要求。其次是技术门槛低，比如卧推，虽然看起来是流行的动作，但技术难度过高，初中级健身者做这个动作很容易肩部、肘部、腕部受伤，所以不推荐。再次是组织难度，比如球类运动是有氧健身很好的方式，但是需要稳定的健身伙伴，并且队友或对手技战术水平不能差距太大，否则乐趣全无，运动量也得不到保障，所以不推荐。

合理可行才能坚持。坚持是为了在更长的时间内获得健身收益，必然要求将极简健身与健身者的生活方式有机联系起来，成为一个人生活的一部分。健身贵在坚持，但又恰恰是很多人难以做到的。影响健身习惯和坚持性的因素众多，越是简单的健身理念，健身者越能够坚持。正如芒格所言，找到简单、基本的道理，非常严格地按照这个道理行事，才是成功的正道。极简健身还强调量化记录自己的健身活动。量化记录一方面能够让健身者检视自身的进步，另一方面可以使健身者轻装上阵，不必时时刻刻将健身作为负担。写锻炼计划和锻炼日记是科学健身者的基本素养，熟练之后并不复杂，结合线上与线下科技手段，可以随时随地监视自己的进步，同时个人健身数据也为运动伤病诊断和防治提供依据。

三、极简健身体系

（一）极简健身是一本自学教程

我们提倡的极简健身，推荐健身者以健步走和健身跑的运动形式进行有氧锻炼，以俯卧撑、徒手深蹲、引体向上、双杠臂屈伸、负重深蹲、坐姿下拉等动作进行肌肉力量训练。这些运动方式简明有效，对环境设施需求度低，便于随时随地进行。同时，这些运动方式不像球类运动一样对健身伙伴有不可或缺的要求，也就给予健身者更大的自由度。

（二）极简健身提出一套科学健身流程

运动健身离不开知识技能的支撑，知识技能不足在健身效果和健身体验方面会大打折扣，并且承受运动伤病的困扰。因此，参与健身必然伴随知识学习和技能提升的过程。然而，在健身知识技能学习过程中。有很多的弯路，有人贪多务得、有人迷失于细节。更多的情况是，由于健身者不是运动或医学专业人士，不可能投入大量的时间进行学习。可见，健身知识技能学习的关键在精而不在光，从正在做的事情出发，学习有效的知识。

（三）极简健身提出一套均衡的健身计划

极简健身是一部新手健身指南，指导新手明确健身的优先级，取得满意的健身效果。极简健身关注的运动能力是有氧运动能力和肌肉力量。运动能力是指人体从事体育活动所具备的能力。心肺功能是影响人体健康的最重要因素之一，有氧运动能力与心肺功能密切相关，因此，将有氧运动能力排在综合运动能力评价体系的首位，极简健身方案将其权重设为接近70%。肌肉力量与运动能力、生活质量密切相关，中年之后肌肉流失和力量下降严重影响生活质量，因此，极简健身方案将其权重设为超过30%。尽管柔韧能力和平衡能力也是运动能力的重要组成，尤其对女性和老年人更为重要，然而，我们认为二者不是极简健身所要解决的主要矛盾，并且在有氧锻炼和力量练习过程中也能够促进柔韧能力和平衡能力的发展，所以不为柔韧能力和平衡能力设置权重，后文仅提供了柔韧能力练习的少量动作。

（四）极简健身提出一套简明有效的健身方法

极简健身是一部经典动作教程。依据普及程度、练习效果、练习难度、资源依赖等因素，确定《极简健身》的基础动作，支撑有氧运动能力和肌肉力量的锻炼目标。极简健身所使用的动作包括以下几类。① 4个基础动作，有氧锻炼的基础动作是健身跑，力量练习的基础动作是俯卧撑、引体向上和深蹲。② 4个可选动作，包括以健步走、椭圆机、跑步机发展有氧能力，以双杠臂屈伸发展肌肉力量。③ 3个引体向上训练的辅助动作：坐姿下拉、助力引体向上训练机、助力带练习。④ 4个发展柔韧能力的伸展动作：懒猫弓背、肋木压腿、前屈后伸、转肩转腰。

极简健身是一套简明训练计划，遵循科学训练原则，让读者理解力量训练和有氧训练的方法，掌握一次训练和周期训练的设计。极简健身符合《全民健身指南》提出的科学锻炼原则。参与者专注几个动作，理解深入，技术熟练，健身安全有保障。极简健身提高有氧能力、肌肉力量、柔韧性，符合全面发展原则。极简健身通过成组练习，逐渐增加运动负荷，符合循序渐进原则。极简健身提供不同水平、不同人群的健身方案，符合个性化原则。

四、极简健身的优势

（一）资源需求低

人们选择适合的健身理念必然需要重视投入产出比。健身资源投入包括时间、设施、组织支持和资金支持。ACSM 调查表明，健身者认为最大的阻碍是"没有时间"。分析健身者缺乏时间，既有对运动健身意义认识不足，存在价值信念方面的偏差，也有对健身投入时间的误解。实际上，运动健身既可以投入大块时间，比如 1～2 小时跳广场舞或足球比赛，或者 2～3 小时远足登山，但更多的时候，健身者可以利用碎片化时间，投入 10～30 分钟进行简单的有氧训练或力量练习。

（二）核心知识明确

运动健身离不开知识技能的支撑，否则在健身效果和健身体验方面会大打折扣，并且承受运动伤病的困扰。健身知识技能学习的关键在精而不在光，从正在做的事情出发，学习管用的知识。

极简健身提炼了普通人运动处方、健身行为目标、力量练习动作、成组练习方案，梳理和运用了《ACSM 运动测试与处方指南》（第 10 版，2019）、《WHO 健康成年人体力活动推荐量》（2018）、《全民健身指南》（第 2 版，2018）、《极简健身理论与方法》（2019）及《ACSM 基础肌力与体能训练》（2014）等文献中的权威理论和最新观点。我们认为，健身者掌握以上基本知识，就能够构建指导健身行为的扎实理论基础。

（三）把握核心价值

运动健身具有促进体质健康、社会交往、舒缓压力、娱乐休闲的多种价值，对健身者具有种种意义。特别是在人生的各个阶段，对健身赋予的意义有所差别。人们乐于追求美好的事物，然而，在一次具体鲜活的体育锻炼中，若想实现很多目标，其实是存在困难的。就好比打猎，一次追 1 只兔子容易，但一次追 5 只兔子就不太现实。

极简健身强调追求体质健康的核心价值，特别关注提高有氧能力和肌肉力量两个核心体适能水平。我们不是认为其他运动价值不重要，而是主动划清边界，抓住主要矛盾。如果在实现有氧能力和肌肉力量提升的基础上，获得愉悦和社交价值，那就非常理想；如果只获得愉悦和社交价值，比如在健身房沉迷自拍发微信朋友圈而不好好训练，在体质健康方面的锻炼任务没有很好完成，那就不够理想了。

（四）专注提升品质

如果仔细观察健身人群，我们会发现很多人在"打浅井"，爱好者日复一日去篮球场、乒乓球场、健身房锻炼，然而技术总是原地打转，运动负荷和体质水平也没有明显提升。这种状况是健身者的学习能力、伙伴水平、投入时间等多种因素导致的，但锻炼品质不高是一个不争的事实。

极简健身能够促进运动健身的质量提高，引导健身者"打深井"。锻炼品质包括健身效果和健身体验的提升。健身效果是在熟练掌握几个基本健身动作的基础上，不断增加运动负荷的结果；而没有循序渐进增加运动负荷的意识和行动，健身效果难以实现。健身体验可以通过很多渠道提升，比如穿一双新的鞋子或者在运动场上交一个新朋友，但是最根本的还是通过流汗和完成训练任务获得，对普通健身者而言，深蹲 100 公斤和 80 公斤的体验是完全不同的。

第三节　极简理念来源

一、《极简主义》概述

极简主义是当今物质丰富时代对消费主义的反思，强调"少就是多"，追求质量而不是数量，对提高生活质量、保护自然资源和生态文明建设有积极意义。《人民日报》已经两次撰文倡导极简主义生活方式，指出：极简主义生活方式，是对自身的再认识，对自由的再定义。深入分析自己，首先了解什么对自己最重要，然后用有限的时间和精力，专注地追求，从而获得最大幸福。放弃不能带来效用的物品，控制徒增烦恼的精神活动，简单生活，从而获得最大的精神自由。以下 6 条为《人民日报》倡导的极简主义生活方式：

（1）欲望极简。了解自己的真实欲望，不受外在潮流的影响，不盲从，不跟风。把自己的精力全部放在正确的、有效的欲望上，比如健康养生、照顾家庭、关心朋友、追求美食等。

（2）精神极简。了解、选择、专注于 1～3 项自己真正想从事的精神活动，比如画画、书法、钓鱼、跳舞等。然后充分学习、提高技能，不盲目浪费自己的时间与精力。

（3）物质极简。将家中超过一年不用的物品丢弃、送人、出售或捐赠。比如看过的杂志、书，不再穿的衣服，早先收到的各种礼物或装饰品。明确自己的欲望和需求，不买不需要的物品。确有必要的物品，买最好的，充分使用它。

（4）信息极简。精简信息输入源头，减少使用社交网络、即时通信，少看微博、朋友圈。定期远离互联网、远离手机，避免信息骚扰。不关注与己无关的娱乐、社会新闻。

（5）表达极简。写东西、说话，尽可能简单、直接、清楚。特别是中老年朋友容易唠叨、啰唆，这时候更要减少自己的表达，不说废话，不该管的事不要管。

（6）生活极简。慢生活。不做无效社交。锻炼。

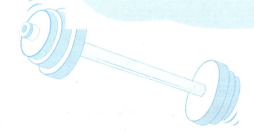

二、《体育之研究》概述

青年毛泽东 1917 年发表论文《体育之研究》，提出"运动之方法贵少"的健身思想。这一思想强调了健身方法，也关注了健身技能和健身效果。这一思想不仅影响了毛泽东的健身行为，还为公民科学地参与体育健身带来启发，为极简健身理念提供理论支撑。

"运动之方法贵少"是青年毛泽东 1917 年论文《体育之研究》之中第 6 节的内容。该文共 6200 字，包括 8 个内容：释体育、体育在吾人之位置、前此体育之弊及吾人自处之道、体育之效、不好运动之原因、运动之方法贵少、运动应注意事项、运动一得之商榷。《体育之研究》是体现毛泽东体育思想的重要著作。文章有感而发，面对时代"国力恭弱，武风不振，民族之体质日趋轻细"等真实问题，出于强民兴国的爱国情怀，立场境界高；同时，文章是对自身坚持锻炼的经验总结和思想提炼，言之有物，提出了"锻炼在于自觉；运动之方法贵少"等真知灼见。现有文献对《体育之研究》中的体育本质、体育价值、终身体育、快乐体育、健身注意事项有较多讨论，但对"运动之方法贵少"未见专论。就《体育之研究》中第 6 节"运动之方法贵少"的内容，有研究者认为毛泽东提出了"应诸方之用与锻一己之身不同的重要命题"，但未具体解读。

毛泽东阐述的"运动之方法贵少"健身思想，表达了 3 个要点。一是运动健身贵在行动，只要行动起来，一招半式已经足够，即运动"不重言谈，重在实行，苟能实行，得一道半法已足"。在列举自己、曾文正和老者 3 个例子之后，毛泽东从正、反两方面论证：从正面讲，如果一种方法能达成健身目的，就没必要使用其他方法。他说："吾人惟此身耳，惟此官骸藏络耳。虽百其法，不外欲使血脉流通。夫法之致其效者一，一法之效然，百法之效亦然，则余之九十九法可废也。"从反面讲，使用健身方法过多造成干扰，反而效果不好。他说："筋骨之锻炼而百其方法，是扰之也，欲其有效，未见其能有效矣。"二是运动方式方法和个体锻炼方法不同，前者宜多，后者宜少。运动方法有不同的用途，对提倡者而言多多益善；锻炼身体是具体健身者的行为，是为了血脉畅通，因此方法宜少。对此，毛泽东的原话是"应诸方之用与锻一己之身者不同，应诸方之用者其法宜多，锻一己之身者其法宜少"。如果混淆二者，毛泽东认为会产生两个不良后果：喜欢运动的人，以为掌握技能越多越好，但没有一项是真正有助于强身健体；不喜欢运动的人，看到别人掌握的技能多，自己掌握的技能少，产生畏难情绪，最终放弃运动健身。三是以实用效果而不是数量多少作为考察运动方法的标准。掌握多种运动方法的人不一定都擅长，追求的多了就荒废了，并没有实际效果；会的少不一定就不擅长，即使是一手一足的屈伸，如果经常进行，坚持下来也能够促进身体健康。毛泽东原文是"其宜多者不必善，务广而荒，又何贵乎？少者不必不善，虽一手一足之屈伸，苟以为常，亦有益焉"。

毛泽东实践"运动之方法贵少"的健身思想。他综合当时各种运动的优点，发展并命名了"六段运动"的健身方法：手部运动、足部运动、躯干运动、头部运动、打击运动、调和运动，总共分为六段，每段运动分了小节，共有 27 小节。毛泽东在《体育之研究》中详述了"六段运动"的具体做法，并认为这项运动给他带来很多益处。

三、《力量训练基础》概述

瑞比托撰写的《力量训练基础》，是一本介绍杠铃训练方法的经典之作。该书介绍了 5 种主要的杠铃训练动作——5 种被认为最有用的杠铃动作，深蹲、推举、卧推、硬拉和力量翻。作者以科学的态度和精益求精的精神，把这 5 种基本动作和杠铃训练的体系以正确的方式讲解得淋漓尽致。自从 2005 年出版以来，《力量训练基础》成为有关举重训练的畅销书籍之一，获得了读者高度认可。

瑞比托强调始终关注运动训练中的基本部分。成功的力量举选手、健美选手都有着这样一个共同点：他们的训练都是围绕着深蹲、硬拉、卧推、推举、高翻、引体向上等 6～7 个基础动作，他们所操纵的变量是训练容量、强度和休息时间。动作种类的多样并不是一个变量，因为并没有多少个动作可以实际被训练。成功的训练者选择那些可以被训练的动作，然后逐渐在上面增加重量。瑞比托认为不需要做很多不同的练习来变强，只需要做少数几个重要的练习就可以变强，这些动作能够把全身当作一个系统，而不是孤立的各个身体部位的集合来训练。如果你正在主项上取得进步，那么你正在变得更变强，并处在完成目标的过程中。

训练主次不分意味着错失机会，浪费时间和金钱。

瑞比托批判了以多样化作为训练目标。不懂的人认为多样化才是训练的目标，那些所谓的新动作，本身就不适合发展力量，完全无法帮助我们提高自身。基础的杠铃训练是 20 世纪那些最强壮的人训练的方法，辅助训练只是那些人在训练之后做的事情，他们在休息的时候做的事情。不要浪费时间，从现在开始就要进行基础杠铃训练，把辅助训练留到后面。

四、《囚徒健身：用失传的技艺练就强大的生存实力》概述

保罗·威德撰写的《囚徒健身：用失传的技艺练就强大的生存实力》是一本自成体系的自重训练著作。作者保罗·威德在美国严酷的监狱中度过了 19 年，其间逐渐挖掘出了这套自身体重训练方法。该书在美国出版之后，数以万计的人才发现，其实根本不需要器械、药物或什么奇怪的花招，就可以掌握高水平的运动技能，获得强劲有力的体格。有书评认为保罗·威德给我们呈现了一套非常清晰、有效的健身体系，既有强大的自身体重练习动作，也有扎实的训练哲学。当前《囚徒健身：用失传的技艺练就强大的生存实力》体系的实效和缺陷，正在不断接受健身爱好者的检验。

《囚徒健身：用失传的技艺练就强大的生存实力》简明严谨，提炼出"六艺十技"的锻炼体系。保罗·威德以终为始，指出真正的男人至少要能做到：5 个单臂俯卧撑（100 个）、5 个单腿深蹲（2×50 个）、1 个单臂引体向上（2×6 个）、5 个悬垂直举腿（2×30 个）、1 个铁板桥（2×30 个）、1 个单臂倒立撑（5 个）。这 6 个最终动作就是所谓的"六艺"，而每一个动作，保罗·威德都设计了 10 个循序渐进的练习动作，并有进阶的动作标准和训练要求。这些动作最大的特点是克服自身重量和器械依赖度低，既然适合在条件较差的监狱里面练习，那么不难想象，普通人用来作为健身方案也极具可行性。

《囚徒健身：用失传的技艺练就强大的生存实力》支撑极简健身做减法以专注的理念。保罗·威德认为，锻炼肌肉最好的方式就是选择可以完全锻炼身体的几个基本动作，在这些动作中不断变强。在监狱里，训练是非常严肃的事情，它帮助我保持清醒的头脑。不管一天里的其他时

间做的事有多荒唐，训练都像一块磐石，让我能在一个疯狂的世界中稳住双脚。无论牢狱生活让我失去了多少东西，在训练时我都会有莫大的收获——不仅有健康和强壮，还有自尊。我的姿势更标准了，我能多做一次反复了，我能升级到更难的动作了，这些都是有逻辑、有意义的。我一直在进步，一切都在掌控中。对我而言，这是一件极其特殊的、强大无比的事情，很多专注训练的人会赞同这一点。

五、《学习之道》概述

乔希·维茨金获得多次国际象棋与太极推手两个体育项目的世界冠军。他撰写的《学习之道》，是一本关于运动技能学习方法论的著作。乔希·维茨金少年时曾 8 次在全国国际象棋冠军赛中夺魁，13 岁即获得国际象棋大师头衔。他是《王者之旅》一书及同名好莱坞电影的主人公，声名鹊起。18 岁时，他出版了个人的第一本书：《乔希·维茨金的进攻性象棋》。20 岁之后，他开发了世界上最大的计算机象棋程序"象棋大师"，并成为其代言人。在纵横西方棋坛 10 年后，乔希·维茨金 22 岁开始研习太极拳，并连续 21 次赢得全美太极冠军及世界太极冠军头衔，成为"太极拳王"。他的传奇经历及成功心法被美国人奉为学习经典。

在乔希·维茨金的国际象棋与武术生涯中，学习方法对他的成长至关重要。乔希·维茨金有时将其归纳为"以数字摆脱数字""以形式摆脱形式"。这一过程的一个基本范例可以通过国际象棋轻松地展示出来：学习者必须先要专心学习基础知识，然后才有望获取高级技能。他会学习开局、中局、残局的种种原则。刚开始他会同时考虑一两个关键性主题，但慢慢地，会学着把更多的原理结合起来，融入自己的潜意识中。最终，这种基础已深深扎根，无须去特意思考，但潜意识里却会这么去做。这个过程会循环往复，并不断吸收深层次的习得。

乔希·维茨金的《学习之道》对极简健身最大的理论启发在于，专心磨炼健身的基本技能，重视健身动作的质而不是量。维茨金说，我们成为顶尖选手并没有什么秘诀，而是对可能是基本技能的东西有更深的理解。让我们攀上高峰的不是奇招，而是熟能生巧的基本功。在学习过程中，深度甚于广度，质胜于量。所有的绝妙创意或"神来之笔"，莫不是以扎实的技术为根基的。他说，每天要学得更深一点，而不是更广一点，在激烈比赛中取胜的往往是那些把技能磨炼得更纯熟的选手。

六、《全民健身指南》概述

2017年8月10日，由国家体育总局正式对外公布了《全民健身指南》，这是国家体育总局发布的首部《全民健身指南》。《全民健身指南》简明扼要，仅有12043个字，是一本难得的极简健身理念口袋书。《全民健身指南》的科学性和操作性强，以国家科技支撑项目为基础，系统总结、归纳了我国15年来全民健身科学研究成果，以我国居民参加运动健身活动大数据为支撑，由我国国民体质监测工作者和全民健身研究专家共同研制而成，介绍不同体育活动方式的健身效果、体育健身强度监控方法，在科学检测与评价个体身体形态、机能、运动能力和体育活动习惯的基础上，突出个体精准化体育健身特点，制定科学、安全、有效的个性化体育活动方案。

2018年7月17日，《全民健身指南》书籍出版，国家体育总局举行首发式。《全民健身指南》非常简练、只有不到100页，但内容丰富、后台储备量大。共有120多个标准动作视频，除了武大靖、马龙、李婷、张湘祥、雷声、傅园慧、王丽萍、高凌、吴静钰、徐嘉余等奥运冠军或世界名将领衔示范，其中也有普通的健身达人出镜。视频动作不追求高难度、高标准，而是让老百姓"踮着脚就能够到"，稍加练习就能达到示范标准，更贴近大众，易于上手操练。所有视频只需手机扫一扫，便可直接观看学习，非常便于推广。《全民健身指南》书籍的内容，实现了人群的全覆盖，既涵盖了青少年、中年人、老年人等不同年龄健康人群的运动健身指南，又有针对高血压、糖尿病、超重和肥胖、高血脂、骨质疏松等不同慢病人群的"运动处方"。《全民健身指南》为体育爱好者"私人订制"和"量身定做"个性化体育健身活动方案。

国家体育总局发布的首部《全民健身指南》，目前向全国推广应用。充分发挥《全民健身指南》在指导群众科学健身方面的重要作用，制定相关措施，通过主流媒体宣传、推广《全民健身指南》，充分利用广播、电视、微视频等媒介，系统推介《全民健身指南》内容，普及科学健身知识，满足人民群众在运动健身方面不断增长的科学指导需求，使百姓的运动健身更具科学性。同时要将推广《全民健身指南》的相关措施落实到各地市、县级体育部门。

本研究的初衷就是通过提出自成体系的极简健身，细化和分解《全民健身指南》中有待具体的条目，争取为今后的修订提供参考和学理支撑。《全民健身指南》是一个国家层面的指南，具有权威性、科学性、实用性、个性化、易推广五大特性。《全民健身指南》是基于循证研究而来的。主编田野说："《全民健身指南》是'研究'出来的，而不是'编'出来的。"《全民健身指南》内容充实，顶天立地，既有运动医学、运动训练学的学科支撑，也有中国居民参加健身活动大数据的支撑，对极简健身研究带来极大的启发。然而，《全民健身指南》缺乏锻炼心理学和自我健身管理理论支撑。尽管它充分回答了"为什么练"与"练什么"的问题，但对"怎么练"的关键问题，仍然缺乏有力的回答。极简健身定位在回答自我健身管理问题。

七、《孙子兵法》概述

孙武撰写《孙子兵法》至今已有 2500 年历史，是中国现存最早的兵书，被誉为"兵学圣典"。该书共有 6000 字左右，共计 13 篇。《孙子兵法》是中国古代军事文化遗产中的璀璨瑰宝，优秀传统文化的重要组成部分，其内容博大精深，思想深邃，逻辑缜密，是古代军事思想精华的集中体现。李世民曾说，"观诸兵书，无出孙武"。时至今日，它已经突破了军事领域，广泛运用于政治、经济、外交、生活等领域，成为人们克敌制胜的法宝和国内外家喻户晓的著作。

如果将健身看作战争，那么《孙子兵法》对我们的健身理念有巨大的启迪。健身和战争有诸多共同之处，都需要汲取资源和组织动员，都需要在战略和战术两个层面展开，都需要积极主动开展行动，都需要根据环境条件灵活确定方案。从后果来看，战争失败带来伤亡，健身不足增加伤病。战争和健身都是严肃的事情，不同的是，战争可能一战而定，而健身则需要终身坚持，在步入老年失能期之前，健身不能终结。基于以上理念，极简健身者可以从《孙子兵法》中得到 6 个启发。

（1）知彼知己，关键是知己。知彼知己，百战不殆，是《谋攻篇》提出的重要准则。这也是《孙子兵法》最广为人知的一个准则。毛泽东纵观全书，亦是对此句最为钟爱，多次引用提及。知己难，知敌更难。知己知彼，看似简朴，实则运用极其艰难，需要调查研究、剖析梳理。运用到极简健身方案，知己就是明确自身健身的价值取向和目标定位，知彼就是明确参与健身的资源投入、环境条件和社会支持。赵鼎新说，生物要存活，就必须在多变的环境中达到自稳定。健身参与是一个系统工程，能否坚持的关键是认识是否深刻、明确、清晰。

（2）谋定而后动。《孙子兵法》云："谋定而后动，知止而有得。"战争是国家的头等大事，关系到军民生死、国家存亡，是不能不慎重周密地观察、分析、研究的。谋划准确周到而后行动，知道目的地才能够有所收获。孙武讲，"多算胜，少算不胜，而况于无算乎"。同理，健身对普通人而言也是关乎健康和快乐的大事，不能随意、随性地对待。那些能够坚持健身的达人，对体育锻炼涉及的因素必然有清醒的分析计算，对健身目标、投入时间和精力、场地和设施、运动负荷都有明明白白的设计。当然普通人在设计之后也不一定能够坚持健身，但不设计的话坚持健身的可能性更低。

（3）先胜后战。孙武重视战争结果的确定性而不是冒险，强调先胜后战，胜兵先胜而后求战，败兵先战而后求胜。在第三篇《军形》中提出，所有百胜之将，无不奉守此教条。不胜便不战，战必胜。吴起、白起、戚继光，均在历史上享有百战百胜的荣耀，他们并非神人，只是精通此道。以白起为例，长平之战后，他宁可反抗军令，也不愿再攻赵，就是判断战无胜算，不如不战。先胜后战的原则启迪极简健身者充分准备健身方案，追求确定性，具体而言就是落实运动处方的6个因素：运动频率、运动强度、运动时间、运动类型、注意事项、运动进程，使每一次锻炼都有确定的收获。

（4）致人而不致于人。致人而不致于人，强调的是掌握战争主动权。攻，能调动敌人不能防守；守，能牵掣敌人无处可攻。敌军士气高昂，能避其锐，攻其惰；敌众多，能分之而灭。战术万千，不一而足。孙子无法穷尽，但一句致人而不致于人，却高屋建瓴讲透了精妙。在古代帝王中，唐太宗的军事天赋当属超一流。在他和军事奇才李靖的兵法答对中，提道：朕观诸兵书无出孙武，孙武十三篇无出虚实。李靖亦是对此深表同意，说道：千章万句，不出乎"致人而不致于人"而已。战争要掌握主动权，健身也要掌握主动权。具体而言，就是就近就便健身，减少对他人的依赖。如果有教练员才练习，有队友才踢球，那就很难说是掌握了主动权。

（5）抓重点、练绝招。战争准备难以面面俱到，要保证重点，做得最棒的都是专一型的人。孙武讲，备前则后寡，备后则前寡，备左则右寡，备右则左寡，无所不备，则无所不寡。这启发极简健身者要有所取舍，抓住主要矛盾，集中力量解决关键矛盾、核心问题。从种种健身目标中梳理出主要目标，从种种健身方法中精选出最适合的方法，从种种健身动作中磨炼最重要的动作。如果实现核心健身目标，健身活动就算是成功。

（6）正奇结合。孙武认为分战法是基本战术原则。他说："凡战者，以正合，以奇胜。故善出奇者，无穷如天地，不竭如江海。……战势不过奇正，奇正之变，不可胜穷也。奇正相生，如循环之无端，孰能穷之哉。"孙武的正奇结合观点，就是在以正兵与敌人交战的时候，永远要埋伏一支多出来的兵力，保证自己始终"有牌可打"。这一原则启示极简健身者不能只有一套健身方案，应该有备用方案，以多样化应对环境条件的不确定性。比如，熟悉足球和跑步两个项目，当踢足球约不到人的时候，去跑步；熟练室外和室内两种运动，当天气不好的时候，去室内运动。总归要保证一定的运动量，但是不能因为环境条件限制而中断训练。

八、《穷查理宝典》概述

《穷查理宝典》是全面介绍投资大师查理·芒格的投资、学习与人生心得的一本书，完整收录了查理·芒格的个人传记与投资哲学，以及过去20年来查理·芒格主要的公开演讲和媒体访谈。查理·芒格是沃伦·巴菲特的挚友，两人被称为是伯克希尔·哈撒韦公司的黄金拍档，携手在这几十年的时间里，创造了投资界的传奇。书中11篇讲稿全面展现了这个传奇人物的聪明才智，贯穿全书的是查理·芒格的聪慧、机智，其令人敬服的价值观和修辞天赋。他的独特思维方式，他对商业伦理的"洁癖"，他对终身学习的强调，对我们每一个人工作、生活、健身都有很大启发。如果将体育锻炼看作对健康的投资，那么投资大师查理·芒格至少能够给极简健身者 3 个方面的启迪。

（一）能力圈

必须要弄清楚自己有什么本领。查理·芒格将他的投资领域局限在"简单而且好理解的备选项目"之内。查理·芒格说，在投资之前，首先要明确能力范围，如果没有真正弄明白"能力圈"在什么范围，那么将会是一件很危险的事情。巴菲特说，如果说我们有什么本事的话，那就是我们能够弄清楚我们什么时候在能力圈的中心运作，什么时候正在向边缘靠近。查理·芒格指出，如果你确实有能力，你就会非常清楚能力圈的边界在哪里；如果你问起是否超出了能力圈，那就意味着你已经在圈子之外了。这些都启发极简健身者弄明白自己的能力圈，只参与最熟悉的运动项目和动作锻炼，这样健身收益比较稳定，并且减少运动伤病的困扰。一件事情不值得做，就不值得做好，只有在能力圈范围内的健身练习，才是最值得去做好的。如果玩那些别人玩得很好，自己却一窍不通的游戏，那么注定一败涂地。要认清自己的优势，只在能力圈里竞争。

（二）集中投资

集中投资是查理·芒格的一个投资风格，沃伦·巴菲特和查理·芒格投资致富是从少数熟悉的股票中获得超额收益。这意味着他们的投资公司是 10 家，而不是 100 家或者 400 家。专注带来回报，查理·芒格认为，动物在合适生存之地方能够繁衍，同样的，那些在商业世界中专注于某个领域，并且由于专注而变得非常优秀的人，往往能够得到他们无法以其他方式获得的良好经济回报。对此，沃伦·巴菲特也说，他用一张考勤卡就能改善你最终的财务状况。这张卡片上有 20 格，所以你只能有 20 次打卡的机会，这代表你一生中所能够拥有的投资次数，当你打完卡后，你就再也不能投资了。在这样的规则下，你才会真正慎重地考虑你做的事情。借鉴查理·芒格的集中投资方法，极简健身者应该精选那些健身价值较大的运动项目和健身动作，在少数健身内容中坚持锻炼，获得持久的收益。

（三）多学科视角

查理·芒格认为专业人士需要更多的跨学科技能。他将只拥有少数专业知识的人称为"铁锤人"：在每个"铁锤人"看来，每个问题都非常像一个钉子。在 1998 年对哈佛法学院毕业生的讲演中，查理·芒格指出，我们的教育太过于局限在一个学科里面，而重大问题往往涉及许多学科。本书认为，推广科学健身就是体育领域的一个重大问题，那些希望提高自我健身管理水平的人，需要像海绵一样汲取多学科知识。当然，没有人能够精通多学科知识。解决办法就是查理·芒格所指出的，让每个人掌握每个学科中真正的大道理就够了。可见，简单是长期努力的结果，而不是起点。极简健身并不简单，需要认真学习实践才能做到化繁为简。那些认为坚持健身简单的人，可能没体验过小伤病是如何毁掉整个训练计划的。

第四节　以往健身实践

古往今来，关注身体健康的中国人创造和运用了很多简明有效的健身方法，比如五禽戏、五步拳、八段锦、二十四式太极拳、广播体操、工间操等，这些实践先例启发了本书提出极简健身的理论和方法。

一、早操、课间操、工间操

早操和课前操分别是学生在清晨和课前进行的体育锻炼。早操内容一般以跑步和广播操为主，是提高身体素质的简单练习。通过早操，全面锻炼学生的身体，使学生由抑制状态逐渐进入积极活动状态，精神振奋地开始一天的学习、生活。课间操一般在每天上午第二和第三节课之间进行，时间为 20 分钟。课间操内容以广播操为主，还可做脊柱弯曲防治操、素质操、慢跑和活动量较小的游戏等。课间操有助于消除紧张学习后所产生的疲劳，使大脑得到积极的休息，提高学习效率，身体各部分得到充分舒展，防止形成不良体姿，有利于学生的健康发育。早操和课间操的负荷量不宜过大，要使学生既锻炼身体，又激发活泼愉快的情绪，以充沛精力投入学习。

早操和课前操属于目的明确、简明有效的健身方法。从 20 世纪 50 年代开始，早操和课前操成为学校体育的重要内容。我国目前相关规定为，中小学每天上午统一安排 25～30 分钟的大课间体育活动；中小学寄宿制学校的学生每天清晨起床后做 15～20 分钟早操；走读学生可在每天课前做 10～15 分钟的课前操。

工间操也有与早操和课前操类似的效用，方法简单，效果显著，是企事业单位关注员工健康的重要手段，让企事业单位员工在闲暇时间进行健康运动，延长高效工作时间。我国全民健身计划实施中提倡开展工间操，使工间操与企业健身场地建设、员工竞赛活动一样，成为员工健康管理的重要内容。

二、军事体育训练

军事体育训练讲究练为战，朴实无华，没有花哨内容，值得极简健身者借鉴。2018 年《军事体育训练大纲》编修的基本原则：一是坚持实战牵引。依据打仗需要和岗位能力设置训练内容与标准，使训练更加贴近实战。二是遵循科学规律。组织军体训练，须把握运动人体规律，注重合理负荷、循序渐进、分类施训、均衡发展，全面提升官兵遂行多样化军事任务的身心素质。三是注重继承创新。弘扬体育练兵传统，吸纳前沿发展成果，积极创新军事体育训练内容、方法、管理、保障，增强训练的生机活力。四是突出简便适用。统筹兼顾不同军兵种、不同岗位、不同地域环境的训练对象，通用内容统一规范，专项内容分类设置，选训内容丰富多彩。

军事体育训练要求军人提高自觉。军事体育训练的本质属性是身体训练，身体素质要提高，体质水平要增强，须通过训练获得。军事体育训练有"三个不一样"：练与不练不一样，练多练少不一样，科学练与不科学练不一样。军事体育训练遴选练习内容的基本原则是与作战的行动相近、功能作用综合、岗位任务需要、便于训练考核，注重体现实战性、创新性、适用性、融合性和趣味性。军事体育训练常见科目如下。

（1）5000 米跑。新兵正式来到连队之后，一旦训练跑步，距离就不会短于 5000 米。常见的是轻装 5000 米跑，还有一种是集体武装 5 公里越野，保守估计身上装具的重量是 20 斤，要求所有人在 26 分钟跑完 5 公里，人与人之间可以互相帮助。

（2）俯卧撑。身体成一条直线，肩部要低于肘部，身体也不能贴地；上来时，手要伸直，屁股不能撅。俯卧撑训练的肌肉是胸肌和三头肌。军队训练时一般是以 100 个为一组。

（3）仰卧起坐。仰卧起坐比较简单，手抱在头上，起时身体要超过 90°，下去时两肩要着地。军队训练一般是 2 分钟 60 个一组训练。

（4）单杠。单杠训练一般以引体向上为主，手正握单杠，向上拉时下巴超过单杠，下来时手伸直。军队的及格线，25 岁以下是 8 个为及格。

（5）双杠。双杠训练一般为臂屈伸，手握双杠顶头两边，下时肩低于肘，起时手臂伸直。25 岁以下也是 8 个为及格。

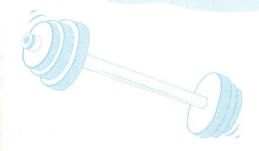

三、八段锦、五步拳、二十四式太极拳

八段锦在我国历史悠久，主要由 8 个动作构成：两手托天理三焦；左右开弓似射雕；调理脾胃须单举；五劳七伤往后瞧；摇头摆尾去心火；两手攀足固肾腰；攒拳怒目增气力；背后七颠百病消。动作可以促使全身上下的气机流通，消除胸闷，疏理肝气，治疗胁痛；同时消除肩背部的酸痛不适；可以增加肺活量，充分吸氧，增强意志，精力充沛；可以改善大脑对脏腑的调节能力，并增强免疫和体质，促进自身的良性调整，消除亚健康。

五步拳是学习武术的入门基本拳术组合小套路，它包含了武术中最基本的弓、马、仆、虚、歇 5 种步型和拳、掌、勾 3 种手型，以及上步、退步步法和搂手、冲拳、按掌、穿掌、挑掌、架打、盖打等手法。通过五步拳的练习可以增进身体的协调能力，掌握动作与动作之间的衔接要领，提高动作质量，为进一步学习其他武术打下良好的根基，并且能从最简单的五步拳中领悟武术学习的方法，感受中国武术的魅力。

二十四式太极拳属于中国传统运动方式，讲究动静结合，重修身，更注重养性。太极拳练习过程中动作和缓、刚柔并济，可以提高人体的心肺能力、平衡能力、柔韧性及协调性，此外还能调节人的心理状态，特别适合中老年人群。太极拳能够增强中老年人腿部力量，有效预防老年人跌倒。美国运动医学学会推荐打太极拳是增强腿部力量较好的运动。我国历史上有很多太极拳门派，在国家体育总局组织力量推广简化太极拳之后，更多的普通人能够接受易学易练的太极拳。

从八段锦、五步拳、二十四式太极拳的传承不难发现，一个运动项目或健身动作的锻炼效果固然重要，但动作简单、易学易练也是一个重要因素，更加符合普通人的健身需求。同时，太极拳和五步拳的刚柔并济、节奏鲜明，体现了中华文化的和谐之美，非常适合表演和推广。

健身故事（2-1）

科学家施一公健身故事

施一公，1967年5月5日出生于河南郑州，现任中国科学技术协会第九届全国委员会副主席。上高中时，施一公练习长跑，从800米到1500米再到3000米。进入清华大学后，由于长跑队只招收专业运动员，他便转练竞走，从5000米到1万米。他曾在校运动会上创下竞走项目纪录。一直到1994年，在他大学毕业5年后，这个纪录才被打破。出国之后他也曾多次参加越野长跑俱乐部的活动，也加入了当地中国留学生组织的足球队，经常与其他大学的中国留学生足球队举行足球友谊赛、冠军联赛。后来去了普林斯顿大学任职以后，他又喜欢上了滑雪和滑冰运动，为了提高自己滑雪的技术，他还跟着普林斯顿大学的学生上了一学期的滑雪课。每年圣诞节期间，他都会和家人一起去美国东北部的滑雪场滑几天。回到清华大学之后，他几乎每年都会参加教职工运动会，每周都会爬一次香山。

健身行为

施一公注重全面发展，他永远充满激情，永远乐观，永不服输。他酷爱运动，是个运动健将。因为善于长跑，他在清华大学还被称为"风一样的男神"。跑步已成为他最大的业余爱好，运动鞋成为他身上的"标配"。只要当天PM2.5读数小于100，他就在校内跑上几公里，平均每周要跑二三十公里。"跑完心情特别好，精力更加充沛。"11月北京举办APEC会议的那一周，空气好，他一周跑了近60公里。就任清华大学副校长后，他依然带领他的实验室团队隔天下午4点半在操场上跑步，每次5～6公里。他每周都爬一次香山，每次都从北门最陡的地方爬上去。"第一次爬的时候花了近两个小时，累得不行。现在，直上直下2300多个台阶，半个小时就爬上去。"他说："经历攀登的艰辛，山顶总会有无尽的风光。"现在他有闲暇时间就会去西湖边上跑步，他说："我非常喜欢杭州，在西湖边跑步，本身就很浪漫。跑步健身，能让我精力充沛。跑步也能形成好的风气，健身跑步是一个生活方式，也是我一直很钟爱的活动。"

健身认知建议

施一公回忆道："10 公里竞走要绕操场 25 圈，每走一圈都要打一次铃，提醒自己必须要坚持。"这不仅是一个体育项目，还是意志品质的锻炼，这种锻炼让他在以后的学习和工作中都受益匪浅。他在西湖边跑步的视频，也曾在网络爆红。施一公说，在他的带动下，跑步健身慢慢成了西湖大学的一种文化。"跑步健身不仅让我精力充沛，也是一种向上的正能量，会影响一个部门，乃至一个学校。"他与清华大学 2016 级本科新生们分享了自己学生时代每天下午 4 点半在操场上锻炼的故事。他谈到，正是当年在清华大学养成的习惯，让他在之后紧张的学术研究中能够保持旺盛的精力和健康的体魄。如今，他依然坚持锻炼，同时他也建议大家养成每天锻炼身体的好习惯。他说："体育锻炼是一种自强的精神、一种拼搏的气质、一种受益终身的生活方式。"在西湖大学开学典礼前，清晨 5 点，施一公校长和西湖大学的几位同事一起去西湖完成了 11 公里的环湖跑。跑完 11 公里，他就在开学典礼上邀请学生们："我期待我们的西湖长跑队伍日益壮大，并肩前行。"

第三章
健身如何极简

找到简单、基本的道理，非常严格地按照这个道理行事，才是成功的正道。

——芒格

第一节　目标极简

一、健身目标细化

如果你问健身是为了什么，可能得到各种各样的回答。笔者收集了很多健身者的答案（表3-1），归纳发现健身的目标有健康、美丽、快乐、自律、自信、减压、独处等。如果提取一个最大公约数的话，健身的意义根本上还是来源于促进参与者的生理健康。健身者当然可以追求很多种意义，但是如果以牺牲生理健康为代价的话，健身活动就根本上失去了合理性。比如，有健身者盲目追求大运动量，健身变成伤身，就走向了反面。

表3-1　健身目标的回答

1	让自己身体更强壮，这是最基础的。提高自己心肺功能，减慢肌肉流失速度。
2	健身实际上是减轻焦虑、抑郁。
3	我是为了好看。
4	为了改善气质形象。
5	健身就是为了多吃一点。
6	喜欢流汗，挑战自己之后的那种全身心放松的感觉。
7	用现代科学专业的方式去感受最原始的身体运动。
8	为了喜欢的女生，她喜欢很强壮的男人。
9	健身只是为了达到我个人的一个基本运动量。
10	为了老了不腰酸腿疼。
11	健身就是科研累了烦了想找个地方放空自己。
12	为了人到中年不油腻。

续表

13	为了让生活不那么单调无趣。
14	离婚以后，想健身减肥，想让自己变得更好。
15	为了有一个好的身材。
16	健身可以提高自信。
17	健身给我带来的那种舍我其谁的感觉，是我在任何其他领域都得不到的。
18	通过健身学会坚持，学会自律，变得积极健康。
19	年轻的人追求漂亮，年老的人追求健康。
20	培养自律、自信的生活态度，了解和管理身体的能力。

　　研究发现，目标明确是做事成功的重要前提，然而很多时候人们会忘记初始目标。比如明明撰写好教案，但到上体育课的时候往往有偏差；再比如明明已经设计好锻炼计划，但一旦到了运动场又记不起来了。因此，为了在健身活动中牢记目标不走偏，必须有一套适宜的方法。目标和关键结果（Objective and Key Results，OKR）就是这样一套符合极简健身理念的有效方法。

　　OKR 是一套定义和跟踪重点目标及其完成情况的管理工具和方法。"Objective" 是在未来的一段时间内渴望达成的目标，"Key Results" 是对设定好的目标的过程性和结果性描述。OKR 工作方法源于 20 世纪 60 年代，管理学大师德鲁克提出了目标管理（Management by Objectives，MBO）；80 年代，目标管理的 SMART 原则（S=Specific，M=Measurable，A=Attainable，R=Relevant，T=Time-bound）和关键绩效指标（Key Performance Indicator，KPI）开始流行；20 世纪 80 年代初期，格鲁夫原创性提出 OKR 系统并在英特尔公司推广使用；1999 年谷歌引入 OKR，谷歌创始人佩奇认为 OKR 帮助公司实现了 10 倍速增长。

　　OKR 管理的核心是聚焦。在谈到目标设定时，格鲁夫强调 "少就是多"。他说："OKR 系统应该为企业提供最卓越的东西，即聚焦。只有我们将目标的数量保持在很小时，才会真正聚集于此。每次做出承诺时，都会丧失投身其他事项的机会。我们必须意识到关注所有事项和一件事项都不关注的结果是一样的，并能够践行这一原则。"正是由于对聚焦的强调，证明了呈现 OKR 方法的极简健身操作方案的合理性。

（一）聚焦核心目标

简化最主要的就是削减目标清单。尽管极简健身强调对健身目标、项目动作、训练计划、设施依赖和运动测评的简化，但优先级最高的是对健身目标的简化。

第一，极简健身的目标是提升综合运动能力，这是体育锻炼所能提供的核心价值。塑形、减压、休闲、娱乐等健身目标当然有其存在的合理性，但极简健身旨在保基本，保障运动健身带来的基本健身收益，所以提升运动能力是最紧迫的事项。

第二，在构成运动能力的有氧能力、肌肉力量、柔韧能力、平衡能力中，极简健身的目标是集中发展有氧能力和肌肉力量。尽管在女性和老年人群体中发展柔韧能力、平衡能力是必要的，但对多数人最紧迫的健身目标是发展有氧能力和肌肉力量。何况，这四种能力只是人为划分，在有氧锻炼和力量练习过程中实际上也能够促进柔韧能力和平衡能力。基于以上分析，依据科学健身推荐量，得出极简健身的OKR（表3-2）。

表3-2　运动健身的核心目标

目标
获得运动健身带来的基本健康收益
关键结果
1. 每周3次以上，总时长150分钟有氧锻炼
2. 每周2次力量练习

（二）聚焦有氧健身

每周至少150分钟的有氧锻炼，可以进一步细化和聚焦（表3-3）。很多人认为锻炼的时间越久越好、运动多多益善，但这个想法是错误的。从时间长度看，每次锻炼的最佳时长应该为45～60分钟，少于45分钟，效果减弱；多于45分钟，没有更高收益，而且不少会产生伤病等负面效应。那么，世界卫生组织和国家体育总局会推荐大家健身30

分钟以上或者 10 分钟以上，这主要也是考虑可行性，利用碎片化时间锻炼，尽管达不到最佳效果，但是能累积收益，可行性高。何况，锻炼总比不锻炼强。因此，将 150 分钟分配到 3～5 次锻炼完成，较为合理、科学。

表3–3　有氧健身的核心目标

目标
提高健身者有氧能力
关键结果
1. 每周 3～5 次有氧锻炼
2. 每次有氧锻炼时间为 30～50 分钟
3. 有氧锻炼在中等强度及以上

　　体育健身活动强度是制定体育健身活动方案的重要内容。强度过小，没有明显的健身效果；强度过大，不仅对健身无益，还可能造成运动伤害。中等强度运动对身体的刺激强度适中，运动过程中心率一般为 100～140 次/分。中等运动强度运动主要包括健身走、慢跑（6～8 千米/小时）、骑自行车（12～16 千米/小时）、登山、爬楼梯、游泳等。因此，普通人运动健身应聚焦中等强度，身体状况好的时候适度进行大强度运动，即运动时心率超过 140 次/分。如果可能，通过佩戴运动手表及时检测运动心率，能够了解运动强度，减少运动风险。

　　如何聚焦力量练习？世界卫生组织推荐成年人每周 2 次力量练习。国家体育总局《全民健身指南》强调：力量练习是指人体克服阻力、提高肌肉力量的运动方式。力量练习包括非器械力量练习和器械力量练习。非器械力量练习是指克服自身阻力的力量练习，包括俯卧撑、原地纵跳、仰卧起坐等；器械力量练习是指人体在各种力量练习器械上进行的力量练习。力量练习可以提高肌肉力量、增加肌肉体积、发展肌肉耐力、促进骨骼发育和骨健康。青少年进行力量练习，可以明显改善自身体质，使身体更加强壮；成年以后，随着年龄的增长，力量练习应逐年增加；老年人进行力量练习，可以提高平衡能力，防止身体跌倒导致的各种意外伤害。

《全民健身指南》的中期体育健身活动方案包括每周 1 次的力量练习，具体为"力量练习 4 个部位，20～30RM"；长期体育健身活动方案包括每周 2 次的力量练习，具体每次要做到"6～8 个部位，12～20RM，每个部位 2～3 组"。

分析以上方案，不够明确具体，可操作性不足。比如锻炼时间控制多久、采用什么锻炼动作、如何衔接有氧锻炼，都没有详细介绍。我们理解为，每周 2 次力量练习，应采用多个肌肉群的复合动作，而不能采用弯举之类的分化动作；应照顾到胸、背、腿的主要肌群，不能只练前面而不练后面，还要上半身和下半身兼顾；一次训练不能兼顾所有部位，应合理分配动作组合。力量训练专家马克认为，"每次训练应当包括深蹲、一种推力动作和一种拉力动作"。总之，较为合理的方案是每周 2 次腿部肌肉群力量练习、1 次胸部和上肢肌肉群力量练习、1 次背部肌肉群力量练习（表 3-4）。

表 3-4　力量健身的核心目标

目标
提高健身者肌肉力量

关键结果
1. 每周 2 次腿部肌肉群力量练习
2. 每周 1 次胸部和上肢肌肉群力量练习
3. 每周 1 次背部肌肉群力量练习

至此，已经明确如何安排每周的锻炼计划。以每周锻炼 3 次为例，每次都应隔日锻炼，星期一、三、五或星期二、四、六。至少两次是有氧锻炼和力量练习结合起来，建议先进行有氧锻炼 30 分钟，然后进行力量练习；还有一次是单独进行有氧锻炼，应放在两次力量练习的中间，使肌肉得到充分恢复。两次力量练习，一次安排腿部和上肢肌肉群力量练习，比如深蹲和双杠臂屈伸；另一次安排腿部和背部肌肉群力量练习，比如深蹲和引体向上（表 3-5）。

表 3-5 均衡的每周健身目标

目标
健身者每周稳步提升综合运动能力

关键结果
1. 周一 30～50 分钟有氧锻炼；腿部和上肢肌肉群力量练习
2. 周三 30～50 分钟有氧锻炼
3. 周五 30～50 分钟有氧锻炼；腿部和背部肌肉群力量练习

二、健身目标的监控

（一）有氧锻炼监控

坚持每周 3～5 次，每次 30 分钟以上的有氧锻炼并不需要特别的技巧，只要流汗去做就行。需要注意的问题，首先是选择运动形式。普通人大致有两类选择，一类是简明有效的方式，比如健身跑或走跑结合，雨雪天气在室内用跑步机或划船机代替；另一类是健身者自己喜欢的方式，比如游泳、骑自行车、跳广场舞、球类运动等。本书推荐第一类运动，因为效果明显、效率较高、场地要求简单，如果健身者恰好喜欢跑步健身，那是一个非常棒的选择。第二类运动在投入产出方面明显不如第一类运动，尤其是投入时间过长，比如只有 1 个小时时间去游泳、骑自行车、跳广场舞，通常会感觉不过瘾；相反，如果跑步的话 30 分钟已经取得大汗淋漓的效果。球类运动的锻炼效率通常也不高，因为运动强度很大程度上取决于场上形势，这是健身者自己很难把控的事，业余爱好者水平参差不齐，意味着锻炼强度得不到保证。另外，球类运动多了一个组织的过程，成不成局存在不确定性。

同时，应监控有氧锻炼的运动强度。尽管通过功率车和 12 分钟跑能够较为准确推算最大摄氧量，但是对普通人而言，采用心率和主观感觉结合的方法监控运动强度更为方便可行。主要通过计算靶心率的方法，靶心率是指通过有氧运动提高心血管循环系统的机能时有效而安全的运动心率，靶心率范围在 60% 与 80% 最大心率。最大心率的计算公式为最大心率=220-年龄。例如，一个 30 岁健身者，其靶心率为（220-30）×60% 到（220-30）×80%，也就是 114～152 次。需要指出的是，由于人们性别和体质的差异，靶心率只是一个参考值，结合长期运动体验，才能更好评估运动强度。

（二）力量练习监控

动作选择问题。采用哪些动作形式（运动处方 FITT 中的第一个 T）发展肌肉力量，是力量练习的首要问题。面对这一问题，运动医学专家语焉不详，广大健身者了解不足，而各个健身流派给出的方案又太专业、太烦琐。在此，我们站在力量练习初学者的立场，分析可行的路径。

极简健身者根据以下 6 个标准选择力量练习动作：① 动作技能特点，舍弃习练难度过高的动作，比如力量翻和推举尽管是锻炼效果极好的动作，但初学者很难做好，故不推荐；② 体能特点，选择多关节肌肉群参与的复合动作，针对单个肌肉的分化练习动作性价比太低，不适合初学者；③ 练习效果好，比如负重深蹲是独一无二的经典动作，故不得不推荐；④ 安全性高，练习不容易受伤，比如平板卧推容易出现伤病，所以不推荐；⑤ 对场地、器械的要求，要求越少越好，比如俯卧撑和徒手深蹲；⑥ 组织的难易程度，最好能够独自练习，不需要帮助和保护，对健身伙伴没有必然要求。总之，基于以上标准综合考虑，我们推荐给初学者 5 个基础练习动作：俯卧撑、徒手深蹲、双杠臂屈伸、坐姿下拉、负重深蹲。

控制运动负荷。推荐初学者以 70%～80%1RM 作为训练正式组的负重，即以能够做到 8～12 次的重量进行锻炼。例如健身者能够以 100 公斤做 1 次深蹲，那么在 70 公斤大约能够做 12 次，在 80 公斤能够做 8 次。这一方法也可以引用到俯卧撑和引体向上，假设健身者最多能够做 20 个俯卧撑，那么 80%1RM 就是 16 个，我们推荐他以 16 个每组，锻炼 3～5 组。

成组练习问题。成组练习是一个重要的训练观念，初学者把握成组练习的规律，锻炼就能够更加细化和量化。健身健美和力量举训练都有成熟的分组练习模式，健身健美通常争取 8×4，即每组重复 8 次，共做 4 组，组间休息少于 1 分钟；力量举训练争取 5×5，即每组 5 次，共做 5

组，组间休息 2 分钟左右。我们推荐普通健身者以健身健美的成组练习模式进行，强度略小，但总负荷量大，从而更好累积锻炼效果。尽快进入成组练习，是力量锻炼的关键技巧之一。假如有健身者只能做1～2个引体向上，就需要借助弹力带或者助力器，进入 8×4 的成组练习模式。

（三）健身目标回顾

极简健身还强调量化记录自己的健身活动，每一个认真对待训练的人都应该用训练日志来记录自己的训练历史。撰写训练记录是重要的数据来源，包括每天的训练日志，动作、组数、次数、训练时长、执行程度等，量化记录一方面能够使健身者检视自身的进步，也能方便与之前的训练作为对比，找出自己的薄弱训练环节，及时发现计划的不足。另一方面这可以使健身者轻装上阵，不必时时刻刻记忆具体任务，减少健身训练时的负担。训练日志还可记录当天的训练感受、睡眠、饮食等，有利于定期总结梳理，为今后的训练提供有用的信息。

记录训练日志的最好方法是采用表格形式，从上到下，用足够小的字把整个训练信息记录在一列里面，每页至少记录 4～5 次训练信息。这样，两个对开页足够记录 3 周的训练信息，趋势如何随着时间变化就显而易见了。

即刻回顾训练进程是一种有效的方法。施瓦辛格在自传里回顾当年训练的情景，富有启发。他说：我在还是一个小孩子在练习举重的时候，场地左边是一面长长的合板墙，上面用粉笔写满了各种标记。那就是我们记下自己每天训练项目的地方，所有人在这面墙上都写有自己的标记。训练前你要在上面先列一份清单，即使你并不知道自己在当天会举起多少重量，你也得事前把重量写下。在每行后面都有一排排的斜杠符，其中每一个都代表着你所计划要进行的组数。如果你写下 5 组卧推，那么你就要在墙上画 5 条线。然后，在你做完第一组卧推后，你回到墙前，将第一条线叉掉，这样它就变成了一个×。在你完成所有的训练之后，所有的 5 条线都要变成×。施瓦辛格认为这种方式有很大的促进作用，"将我的目标写出来成为第二本性，同时让我明白了没有任何捷径可走的道理"。

定期跟踪回顾是 OKR 方法的有机组成部分，使用训练日志中的数据，评估自己的训练表现和目标达成度，及时调整锻炼目标。OKR 方法对关键结果实现概率分两类，一是承诺型目标（100%达到）；二是挑战性目标（平均失败率为40%）。力量练习中70%～80%1RM的训练安排，应是100%达到；而超过85%的训练内容，可以看作挑战性目标，受到身体状态和训练情绪的影响，允许有一定的失败率。

网友"女王大人的夜宵"的极简健身。20岁，女，现役，过着极简主义生活。每天早上6点半出操跑3公里，然后俯卧撑、深蹲、仰卧起坐。练人鱼线、马甲线根本不用去健身房。徒手健身、天然氧吧，更多欢乐，更多健康。

第二节　动作极简

一、健身项目类型

（一）集体性项目与个人性项目

集体性项目是需要多人才可以开展的体育锻炼项目，如篮球、排球、足球、乒乓球、羽毛球、网球、广场舞等。其中，乒乓球、羽毛球、网球的锻炼参与至少需要一个对手，而篮球、排球、足球需要多名队友和对手，广场舞也需要一定的人数参与才有氛围。

选择集体性项目的明显优势是娱乐性强，能够充分促进心理健康和社会适应健康，但是，选择集体性项目有3个劣势。一是组织起来的难度高，不但对场地有硬性要求，而且对参与人数有明显依赖。比如乒乓球没有对手的话就没法玩，业余足球参加者通常很难凑齐一定数量的队友和对手。二是锻炼效率不高，业余参与球类运动很难控制队友或对手的运动水平，如果对手运动技能不高，那么参与运动的健身效果就会受到影响；同时，锻炼效果还受到场上位置的影响，如果你是场上的前锋或者守门员，那么运动量通常都不高。三是参与集体性项目更容易受到伤病困扰，因为这些项目有一个胜负的成分在里面，业余球员不管水平高低，参与比赛还是想赢球，难免对抗动作过大，导致一些伤害事故的发生，如足球、篮球运动中眼睛和眉头都是容易受伤部位。

既然集体性项目的健身参与涉及如此复杂的因素，普通健身者要不要以集体性项目作为锻炼的主要项目，从而促进身心健康？我们建议，如果具备场地和组织条件的话，你尽管尝试参与集体性项目，因为这会带来很多快乐，认识很多朋友，且在不知不觉中提高有氧能力。同时，我们建议你在健身中增加一项个人性项目，比如跑步、跳绳、游泳、自行车等，其中任何一项都可以考虑。这样你在参与集体性项目遇到困难的时候，可以持续进行有氧锻炼。

（二）室内项目与户外项目

为了制订可持续的健身计划，你的锻炼清单里面需要兼顾室内项目与户外项目。通常小球类项目和抗阻力量练习是在室内开展，大球类项目、自重健身、跑步和跳广场舞是在室外进行。因为室外锻炼受天气的影响较大，比如浙江省每年的雨日大约有130～160天，如果你只参与室外锻炼，在雨天就会产生很大困扰，有可能中断锻炼。

我们的建议是，你不但在有氧锻炼方面兼顾室内和室外项目，比如晴天跑步，雨天打乒乓球，而且在力量锻炼方面也要兼顾室内和室外项目，比如晴天在社区进行单双杠锻炼，雨天到健身中心进行抗阻锻炼。这样，你的锻炼计划才能将天气的影响减到最小。

（三）有氧项目与力量项目

均衡的健身安排，是极简健身极为重视的一点。就是说，普通人的健身安排不但包括有氧锻炼的内容，还包括力量锻炼的内容。有氧锻炼是首要的，但力量锻炼也不能忽视，二者难以相互替代。只参与一个方面的锻炼，无法充分享受体育锻炼带来的健康福祉，中年以后缺乏力量锻炼内容，会带来很多健康隐患。因此，我们建议你既要安排跑步、打球等有氧锻炼的内容，也要安排自重训练、抗阻锻炼等力量锻炼的内容。简言之，有氧健身对所有人而言都是必不可少的，力量锻炼对中老年人群保持健康意义重大，所以要设计均衡的健身计划。

二、健身动作选择

（一）复合动作

运动健身最终要落实到动作的习练和运用。复合动作是指以大肌肉群参与为主、多关节参与运动的力量健身动作。复合动作的优势是能够充分刺激身体的主要肌肉群，能够承担更大的负重，同时锻炼安全性也更高。由于普通健身者投入力量锻炼的时间、精力有限，所以不可能像健美运动员一样针对各个部位肌肉进行分化训练。普通健身者最佳的力量锻炼方案就是胸、背、腿的三分化方案，以复合动作针对这 3 个部位进行隔日锻炼，投入产出比高。

（二）场地依赖

普通健身者面临的一个现实问题，就是要考虑是否具备实施锻炼方案的场地设施条件。自重力量健身的优势就体现在这里。保罗撰写的《囚徒健身：用失传的技艺练就强大的生存实力》，就是在缺乏锻炼器械的狭小环境也可以有效健身的方法。本书推荐的力量健身动作之中，场地依赖度最低的是俯卧撑和徒手深蹲，不需要任何器械，只需要一点点空间，就可以锻炼胸部和腿部肌肉。对增肌塑形要求不高的普通中老年人群，自重训练的负荷量已经足够。自重训练还节省了去健身中心的时间和金钱，所以对各个社会阶层的健身者都是友好的锻炼动作。本书推荐的力量健身动作之中，双杠臂屈伸和引体向上仅仅需要简单器械，也就是单双杠，各类社区健身场所和学校体育场一般都有单双杠，所以普通人如果能够利用好这些设施，就能够有力地锻炼背部和胸部肌肉。本书推荐的力量健身动作之中，场地依赖度最高的是负重深蹲。完成负重深蹲，既可以使用自由负重的器械，也可以使用固定抗阻器械，但无论如何，在健身中心锻炼负重深蹲更为安全。我们认为，负重深蹲是健身的王牌动作，不可或缺，所以即使是提供极简健身的方案，也不能省去。

就场地设施条件而言，我们对那些增肌有需求的人群的建议是，如果条件完备，首选可以使用抗阻锻炼器械的健身中心，其次是简单健身器械，最后是自重训练。如果你锻炼是为了保持肌肉和力量，那么就可以怎么方便怎么来；当然，如果条件允许，每周去健身中心做一次负重深蹲训练，会让你更加强壮。

（三）习练难度

如果说组织动员是普通人参与运动健身最高门槛的话，动作习练难度就是第二个门槛。不论哪一种锻炼项目，如果你技术不够熟练，就很难挑战大负荷乃至享受健身乐趣。普通人在有限的时间和精力投入下，最好能够主动收缩战线，通过练习熟练一些基本动作，在这些基本动作上面收获健身福祉。如果贪多务得，什么动作都想尝试一下，往往会成为"样样通，样样不精"的典型。比如有些乒乓球爱好者把很多打法、很多球板、很多胶皮都尝试一遍，最后发现打不过一位握着老旧球拍的老年人，情何以堪。

因此，除非有充分的理由，我们不推荐普通健身者挑战高难度健身动作，唯一的例外是负重深蹲。负重深蹲动作并不复杂，但难在负重量增加之后，普通人动作不免变形，一个微小的不足都会放大。我们将卧推排除在推荐之外，原因是动作复杂，你的负重量增加之后，肩、肘、腕关节肌肉有任何的用力不当，都会导致运动伤病。因此，在锻炼胸部肌肉的俯卧撑、卧推、双杠臂屈伸 3 个经典动作中，我们将俯卧撑和双杠臂屈伸推荐给你。

（四）配重方便

负荷刺激肌肉，肌肉产生力量。持续不断增加动作的负荷量，是衡量健身动作价值的重要维度。负重深蹲和卧推、硬拉等经典动作，配重方便，能够使健身者得到深度刺激，有效增肌和增强肌肉力量。双杠臂屈伸和引体向上虽然在增加配重方面不如负重深蹲方便，但到底还是可以增加负重，所以成为专业运动员都重视的体能锻炼动作。俯卧撑动作很难增加负重，只能通过调节身体姿势增加配重，可调节的幅度也有限，这是俯卧撑动作最大的劣势，但这也无法掩盖俯卧撑动作的价值，因为俯卧撑是随时随地锻炼胸部肌肉的动作，没有比俯卧撑更方便的锻炼胸部的动作。

第三节　组织极简

一、健身伙伴

管理自己容易，动员别人困难，健身最大的门槛是组织，就是与别人合作，得到别人的支持。如果组织得力，健身可以无比开心；如果组织失利，你的爱人可能不会让你出门锻炼。本书从健身伙伴、健身组织和健身伦理3个方面论述这个问题，提供相关建议。

伙伴关系的存在都是建立在实现一个以共同目标为目的，以互帮互助为途径，最终实现共赢理念的基础上达成的一种合作关系模式。因为伙伴关系可以随着境况以及预设条件的不同而产生不同的变化和效果，富含多样性的特点，所以伙伴关系的建立对建构成功事物起到了奠定稳定基础的作用，是一种友好互利的方式。

（一）为什么需要健身伙伴

以前我常常认为，即使在没有同伴一起训练的情况下，独自一人也能完成锻炼项目。确实，依靠自己的意志力就能完成各种不同的训练，少了很多骚扰并让自己的身体维持在良好状态。然而，在有的运动项目当中，没有伙伴的参与是完成不了的，比如篮球、排球、羽毛球、足球、乒乓球等，因为一个人运动的话相对减少了运动兴趣，变得枯燥。如篮球运动是一项集体运动项目，集体性就要求篮球运动的参与者要具备较强的集体意识、合作精神和组织协调能力。正是基于篮球运动的集体性，篮球运动必有一定的群体，这就为人与人之间的正常交往提供了良好的机会。从健身活动的角度看，运动群体内的人际关系很少具有功利性。

在健身房有一个好的健身伙伴是件幸福的事，可以一起研究技巧，讨论方法，互相指导，互相学习，彼此鼓励。除了这些之外，健身伙伴很多时也会充当重训（大重量）时的在旁协助者，帮助你在训练时给你一些提示，一些保护或辅助。不过这些都需要一些专业知识才能胜任，稍有出错就会出现问题。健身伙伴协助训练有 3 个要点。

一是留意动作轨迹。我们重训时往往是从前面的镜子观察自己的动作，所以做很多训练动作时并没有全面地看到动作轨迹。例如你深蹲时屁股是怎样往后或是往下，杠铃弯举时手肘有没有前倾，肩膀推举时手肘放到旁边或是后仰，硬拉时杠铃放多靠前了，这些都影响着训练效果。因此，健身伙伴首先是要看动作轨迹是不是按原本定下的方式去进行。例如对方在做杠铃深蹲时，从侧面看，杠铃轨迹大致应该是一直往上的，是垂直的动作轨迹；一旦杠铃运动轨迹出现偏差，那就说明你的动作有问题了。

二是确保重量不会过快地掉下来。你可能以为自己在要挑战举大重量时，才需要别人帮一下、推一下，其实危险之处并不是在你举起来的那一刻，反正太重举不起来也没什么特别危险的地方，而意外通常是发生在无法控制大重量掉下来的一刻。举起杠铃、哑铃时肌肉是在做向心收缩，而放下时就是在做离心收缩。一般来说我们离心收缩的力量比向心收缩大，也就是说你可能举不起某个重量，但可以带点控制地放下来，这段动作中肌肉纤维受到最大程度的拉扯，但同时也是最容易肌肉拉伤的。如果你在做向心收缩和离心收缩时都需要别人来扶着，那倒不如举轻一点，让你的健身伙伴帮你举起来，然后你有足够的力量稳定地做离心收缩。

三是不要给太多力。如果每一次举起放下都有健身伙伴在给你借力，这岂不是变成了"双人健身"？常出现的状况就是你在做卧推，而你的伙伴却在练硬拉。所以除了首要固定动作轨迹之外，正确的应该是在每组的末端或接近力竭时，再给予一些帮补。一点点帮助其实就可以帮你完成动作。在外国健身界有俗语称为"魔术触摸"（magic touch），意思就是这样帮推一下，已似是如有神助，哪怕你只是轻轻一碰。这里当然涉及了一些心理学暗示，可能对方甚至以为你帮了很多、太给力了吧，其实是自己心理作用效果更大。

（二）健身伙伴如何相处

在运动训练或比赛过程中，伙伴之间的相处很重要，他可以改变你的比赛结局。同时运动特别容易交到朋友，不管是团跑、一起重训，还是打球、踢球，有相同兴趣不仅能拉近彼此的距离，运动能力也能借由既竞争又合作的关系获得进步。在运动训练中要养成好的习惯，不要随便踩别人的鞋。自己再强也要尊重别人，同时也要自觉地捡球。打完球球场别留垃圾。不进球不要影响自己的心情。在球场上不要有说脏话的习惯，同时要尊重对手，尽量不要去责怪队友，即使他失误了。营造轻松的氛围，让大家感到轻松自在，让别人知道你对他们感兴趣；善于倾听也善于回应，使话题像传球一样不间断。创造安全的会话环境，这样能促进朋友间更亲密的关系。

在中国的处世哲学中，中庸之道被奉为经典之道，中庸之道的精华之处就是以和为贵。同事作为体育健身时的伙伴，难免有一些其他方面的冲突，处理这些矛盾的时候，你第一个想到的解决方法应该是和解。毕竟，同处一个屋檐下，抬头不见低头见，如果让任何一个人破坏了你的心情，说不定将来吃亏的是你，而不是别人。

好朋友的相识与相处都是需要条件的。说得具体一点，要成为好朋友，情投意合固然重要，但是还有一点，那就是两个人之间不能存在明显的利益冲突。两个存在明显的利益冲突，存在显性的或是隐性的利益冲突和竞争的人，是很难成为好朋友的。即使是已经成为好朋友的两个人，在面临明显的利益冲突和竞争的时候，也常常会使感情陷入僵局。因为人本性是自私的，谁也逃脱不掉。研究表明，每个人都有强烈的友爱和受尊敬的欲望，由此可知，爱面子的确是人们的一大共性。在健身时，如果你不小心，很可能在不经意间讲出令同事尴尬的话，表面上他也许只是脸面上有些过意不去，但其心理可能已受到严重的挫伤，以后，对方也许就会因感到自尊受到了伤害而拒绝与你交往。

一位哲人曾提出过这样的问题：将军和门卫谁更容易摆架子？答案是门卫。因为将军有着雄厚的资本，他不需要架子作支撑。现实生活中也是如此，拥有优势的人常常胸怀大度，其自尊和面子已足矣，无须旁人再添加。虽然这些道理我们都很明白，但是有的时候，我们的嘴巴还是不经意地就走漏了风声。比如，和大家玩得高兴的时候，兴奋之下，我们就什么都忘记了，想起什么就说什么。

（三）怎样做受欢迎的健身伙伴

现实生活中，许多因词不达意、语言尖刻抑或"刀子嘴豆腐心"而惹人生厌者比比皆是。正所谓"片言之误，可以启万口之讥"。激昂慷慨，言人所不敢言，对方自会发生辛辣的反应；陈义晦涩，言辞拙讷，对方自会发生苦涩反应；一味诉苦，到处乞怜，对方自会发生寒酸反应；好放冷箭，伤人为愉，伤人越甚，越以为快，对方自会发生创痛的反应。

青年人血气方刚，遇事容易激动，尤其在自以为正确的情况下，更易理直气壮、咄咄逼人，这种处世方式是很不受欢迎的。因为人无完人，谁也不是圣人，说话办事哪能没有个闪失呢？每个人都有心气不顺的时候，如果对方所说的话语，你感到不悦耳甚至反感，不妨充耳不闻。假如对方的行为，你觉得不顺眼，不妨视而不见，何必过分认真、锱铢必较、穷追不舍，定要报以尖刻的话呢？

尊重他人，不要"官气"十足。所谓"官气"，就是指有些人只许他人尊重自己，而自己却不尊重他人。如果你在与人交往时，无意中养成了这种不好的习惯，必遭众人厌恶。尊重他人既是一个人行为的准则，也是一个人在人际交往中的信誉形象，无论做任何事，不尊重他人，你在人们心目中的形象首先就会大打折扣，更不要说"官气"十足而令众人生厌了。

美国心理学家詹姆斯说过："人类本性最深的渴望是得到他人的赞赏。"据此，心理学家阿伦森德也曾做过这样一个实验。该实验通过巧妙的安排，让参加实验的人每次都可以听到其健身伙伴是怎样评价自己的，那么就出现了4种实验情景：① 先对被试进行贬低，然后再进行赞赏；② 一直对被试进行赞赏；③ 一直贬低被试；④ 先赞赏被试，然后贬低。结果发现前两种情境中被试对自己的健身伙伴较喜爱，相反，在后两种实验情境中被试较讨厌自己的健身伙伴。

二、健身组织

人人都想拥有一个健康的体魄，同时由于人们通常是群居生活，人们更倾向加入一些健身团体，既能健身又能交流。加入健身组织有4种方法。① 现场（参与）加入法。在日常生活中，发现一些广场舞、跑步或其他健身的活动，参与其中并且联系加入该组织。② 互联网（查找）法。可以利用QQ、SNS社交网站、微博、微信，通过在聊天软件上用查找的方法查找健身组织的群号或公众号加入。③ 现场（场所）加入法。如果是附近有健身房、球场、游泳池之类体育场所，可以去该场所咨询，如果有可能就加入。④ 现场（熟人）联系法。如果已经加入健身班或者有熟人在健身，可以咨询有什么正规的健身组织加入。

三、健身伦理

（一）承担家庭支持与责任

家庭体育健身的支持使家庭关系更和谐。居住条件改善是当前家庭生活改善的主要表现，但随着人均一间房标准的实现，家庭成员间的互动少了，大家沉寂在各自的世界里，以至于需要通过特别安排，才能使家庭成员欢聚。家庭体育中的亲子体育活动是一种良好的沟通方式，对改善家庭成员间关系具有重要作用。家庭成员共同参加的体育郊游、体育度假活动等，对丰富家庭生活内容、维系亲情有促进作用。采用一些合作性运动项目，对促进家庭关系和睦有重要意义。如我国参与人数较多的空地羽毛球，采用与场馆羽毛球截然不同的方法，不找机会将对手打败，而是给对方喂球，争取多打几个回合，一样可以玩得很开心，还使家庭成员间的亲情更加浓厚。

家庭成员对体育健身的支持可以促进家庭的健康与稳定。随着现代社会的不断发展，我国居民的物质生活水平得到了很大改善和提高，但科学技术在带给人民便利的同时也带来了诸多的社会"文明病"，这成为阻碍人们身心健康发展的重要因素之一。随着现代社会"文明病"的蔓延，人们所花费的医疗费用也越来越高，而老龄化社会又导致人们家庭医疗费用的支出日益加剧。目前，我国的家庭养老已成为各个家庭一个重要的难题，家庭子女在照顾父母方面面临着越来越大的压力，而在社会保障体系尚不健全的背景下，这种负担和压力将对社会的稳定与和谐产生不良影响。在这样的背景下，家庭体育就成为一种缓解人们身心压力、维护社会安定的重要手段。经常参加家庭体育活动，不仅可以有效地预防身心疾病，促进家庭和睦，还能维护社会稳定。

家庭体育健身的支持可以促进家庭成员的全面发展。对于家庭而言，家庭具有自然和社会两个方面的功能，在社会功能方面，家庭的教育、社会化、感情交往的功能非常重要。在现代社会竞争日益激烈的背景下，社会成员的心理压力越来越大，而通过家庭体育活动，家庭成员间的感情得到了加强，家庭体育的感情交往功能得到了极大的体现，这对促进家庭成员的身心发展是非常有利的。

在现代社会不断发展的今天，新旧观念同时存在于社会之中，时常会发生各种各样的碰撞，如果处理不当就容易造成人的价值多元化和片面化的发展，尤其是对于青年来说，他们更容易受到社会不良观念和风俗的影响，因此这就要通过一个良好的渠道来进行引导和教育，促进其全面发展，而家庭体育便是最好的选项。

支持家庭体育健身可以稳固良好的社会秩序。社会系统非常复杂，处于社会这一复杂系统中的人们，常因各个方面因素受到不良的影响，进而产生各种问题，这些不稳定因素极大地影响着家庭及社会的和谐发展。通过大量的调查得知，青少年犯罪有很大一部分就是不良的家庭环境所造成的，而经常参加家庭体育活动可以融洽家庭关系，促进家庭和社会的和谐。通过参加各种各样的家庭体育活动，能有效地促进家庭成员间的沟通与交流，有利于家庭成员间互相尊重、宽容和理解，对促进家庭和睦和维护社会安定具有非常重要的作用。

（二）对健身伙伴的感激与善意

很多健身的朋友都有这样的感觉，那就是自从健身以后，朋友聚会去得少了，游戏玩得少了，美食也吃得少了，总有一种和身边的人格格不入的感觉，就连经常联系的朋友也渐渐地变少了。如果你为此感到懊恼的话，不妨看看下边这位小伙子5年的健身变化，他真实经历了一次健身练到没朋友。

克里斯汀·尼尔森（Christian Nielsen），今年20岁，他的生活完全被5年前开始的健身经历改变了。当年15岁的尼尔森身材非常瘦弱，经过一番思想斗争后决定开始健身。于是，尼尔森开始在YouTube上默默关注了很多健身达人，希望自己有一天也可以像视频主人公那样练出一身肌肉，获得别人的尊重。尼尔森加入了一个当时还算比较出名的街头健身团队，开始了他的健身之路。不知做了多少俯卧撑，多少引体向上，多少双杠臂屈伸，也不知道失败了多少次，尼尔森终于在1年时间里完成了蜕变。他为此高兴地制作了一个健身励志视频发到YouTube上，这个视频播放量至今已经超过了2000万！而这个视频，也是尼尔森的另一个开始，身边的许多朋友都慢慢地离开了他。

无论何时，健身都只能是生活的一部分，并不能代替亲情、友情和爱情。如果你以前太过于专注训练而忽略了其他方面，不妨像尼尔森那样稍做调整，你会活得更快乐。

跟朋友一起去健身有助于更好地执行健身计划，但这并不代表任何一位朋友都能做到这一点。美国布朗医学院运动科学系的副教授约翰·杰基西克博士说，你的朋友应该有着更高的健身自觉性。有健身计划的人和初练者结伴健身会比初练者单独健身获得更好的健身效果，并且两人能相互支持、相互鼓励，从群体责任感中受益。

（三）遵循运动道德

运动健身多数在公共场所进行，是一种社会行为，遵循基本的公共道德，才能得到更好的社会支持。健身行为伴随感性和理性的过程，平时文质彬彬的人，在健身场所也做到举止文明才令人尊重。

不妨碍别人、不干预别人是基本的健身伦理。使用健身设施后及时归位，做卧推时铺一条毛巾，不大喊大叫，不在别人做大力量训练时围观，是健身中心的基本守则。游泳池内不撒尿、不吐痰、不搓泥、不洗澡。篮球场、足球场上不做"膀爷"、不乱甩汗、进球后不得意忘形、防守时不恶意犯规。乒乓球锻炼时不藐视对手、不故意将球打远让对方捡球。羽毛球比赛时不故意往对手身上打。如果违背基本健身道德，往往会遭到对手的报复，然后在比赛中相互充满敌意，将运动氛围破坏殆尽。

第四节　设施极简

一、根据环境条件选择锻炼方式

研究表明，超过 80% 的健身行为发生在居民工作、生活周边的 2 公里以内，这就是所谓的便利健身。时间和交通成本，以及洗澡更衣保持体温等因素，使得人们不愿意出行到更远的地方健身。因此，周边健身环境对锻炼者而言是重要的局限条件，锻炼者根据环境条件选择适宜的健身项目，是一个现实问题。

锻炼环境的安全影响居民的参与行为，晨跑和夜跑都是周围人群相对稀少的时刻，如果存在影响人身安全和运动安全的潜在隐患，比如犯罪率高、路面不平、邻居养狗、灯光太暗等，就不宜进行锻炼。

绿化和周边景色也影响人们参与健身，绿地、公园、登山路径，因为景色优美而能大幅增加运动体验，吸引人们更多地参与运动健身。

从以上因素考虑，本书展示 3 个健身场地环境的肌肉力量训练建议（表 3-6）：在自重无器械环境，建议俯卧撑和徒手深蹲；在自重简单器械环境，建议引体向上和双杠臂屈伸；在健身房等抗阻训练环境，建议负重深蹲和坐姿下拉。

表 3-6　基于社会生态模型的肌肉力量训练建议

健身场地环境	对应关系	建议：肌肉力量运动方式
自重无器械环境 （步道、公园、登山路径）	→	俯卧撑、徒手深蹲
自重简单器械环境 （运动场、社区）	→	俯卧撑、徒手深蹲 引体向上、双杠臂屈伸
抗阻训练环境 （健身中心、俱乐部）	→	俯卧撑、徒手深蹲 引体向上、双杠臂屈伸 负重深蹲、坐姿下拉

二、无器械环境

无器械环境指的是公园、绿地、步道、登山路径等具有有氧锻炼条件，但是没有力量锻炼器械的健身环境（图 3-1、图 3-2）。在这一环境能够充分进行健身跑和健步走等有氧锻炼，但是力量训练的动作选择受到局限。因此，自重练习动作，俯卧撑和徒手深蹲就成为恰当的选择。同时，选择在这一环境健身的人群往往对运动负荷没有过高要求，比较适合自重训练。

图 3-1　健身公园

图 3-2　登山步道

　　无器械环境的训练计划，如表 3-7 所示，在满足有氧锻炼需求方面没有问题，但是力量训练的计划不够完整。主要问题是在完全没有器械的条件下，锻炼背部肌肉存在困难。解决方法是每周到有条件的地方进行一次背部肌肉训练，否则只有推的动作而没有拉的动作，对人体形态有不良影响。

表 3-7 无器械环境的两周训练计划

周次	周一	周三	周五
1	健步走 3000 米 徒手深蹲 15×4 俯卧撑 16×4	健身跑 30 分钟	健步走 3000 米 徒手深蹲 16×4 俯卧撑 16×4
2	健步走 3000 米 徒手深蹲 17×4 俯卧撑 18×4	健身跑 45 分钟	健步走 3000 米 徒手深蹲 18×4 俯卧撑 18×4

三、简易器械环境

简易器械环境指的是居民小区、校园田径场等具有有氧锻炼条件，也有简单力量锻炼器械的健身环境。在这一环境能够充分进行健身跑和健步走等有氧锻炼，但是力量训练的动作选择受到较小局限，这也是绝大多数中国居民能够方便健身的环境。这一环境的力量锻炼选择增多，既可以进行俯卧撑和徒手深蹲自重练习，也可以进行天梯行走、引体向上和双杠臂屈伸动作（图 3-3、图 3-4）。

图 3-3 社区里的天梯

图 3-4　居民小区健身设施

　　简易器械环境的训练计划，如表 3-8 所示，在满足有氧锻炼需求方面没有问题，同时能够进行完整的力量训练，但对于配重完成大重量负重深蹲的需求没法满足。社区里面的天梯可以进行对握引体向上、天梯行走、悬垂练习等内容，而单双杠的存在使双杠臂屈伸和引体向上锻炼成为可能。总之，在社区或校园田径场锻炼，无论是有氧还是力量素质，都能够得到充分发展，能够满足绝大多数健身者的需求。

表 3-8　简易器械环境的两周训练计划

周次	周一		周三	周五	
1	健步走	3000 米	健身跑　30 分钟	健步走	3000 米
	徒手深蹲	15×4		徒手深蹲	16×4
	俯卧撑	16×4		引体向上	6×4
2	健步走	3000 米	健身跑　45 分钟	健步走	3000 米
	徒手深蹲	17×4		徒手深蹲	18×4
	双杠臂屈伸	10×4		引体向上	8×4

四、固定训练环境

　　固定健身环境指的是单位健身中心或商业性健身房，具有跑步机、椭圆机等室内有氧锻炼条件，也有史密斯机、坐姿下拉器、划船机等抗阻力量锻炼器械。雨雪天气，在这一环境能够充分进行有氧锻炼，尽管感受可能不如户外有氧锻炼，但是这一环境的最大优势是可以充分进行力量训练。根据有器械用器械的原则，首选负重深蹲，然后是坐姿下拉和坐姿划船等锻炼动作，当然双杠臂屈伸和助力引体向上也在可选动作之列。

图 3-5 固定器械环境

固定器械环境的训练方案，如表 3-9 所示，包含了完整的有氧锻炼和力量训练。有氧锻炼主要在跑步机和椭圆机上进行，通常以跑步和健步走为主要方式。健身中心锻炼腿部力量的主要器械是深蹲架、史密斯机、蹬腿机；锻炼背部肌肉的主要器械是坐姿下拉器、划船机、助力引体向上器、硬拉的杠铃；锻炼胸部肌肉的主要器械是臂屈伸支架、推举的杠铃及龙门架。健身中心在人多的时候比较嘈杂，且商业性健身俱乐部里面营销活动较多，有时候导致注意力分散。

表 3-9 固定器械环境的两周训练计划

周次	周一	周三	周五
1	跑步机　20 分钟 负重深蹲　70%1RM×4 坐姿下拉　70%1RM×4	跑步机　30 分钟 负重深蹲　75%1RM×4	椭圆机　25 分钟 负重深蹲　80%1RM×4 双杠臂屈伸　70%1RM×4
2	跑步机　25 分钟 负重深蹲　75%1RM×4 坐姿划船　70%1RM×4	跑步机　30 分钟 负重深蹲　70%1RM×4	椭圆机　20 分钟 负重深蹲　85%1RM×4 引体向上　10×4

第五节　时间极简

一、一次完整锻炼

一次完整体育健身活动内容应包括准备活动、基本活动和放松活动3部分（表3-10）。准备活动起到热身的作用，和拉伸一样是必不可少的，即使是极简健身者也不能省略这点时间。

表3-10　一次体育健身活动的内容及安排

活动构成	主要活动内容	活动时间/分钟
准备活动	慢跑、牵拉练习	5～10
基本活动	有氧运动力量练习、球类活动、中国传统运动	30～60
放松活动	行走、牵拉练习	5～10

（一）准备活动

准备活动是指主要体育健身活动开始前的各种身体练习。准备活动的主要作用是预先动员心肺、肌肉等器官系统的机能，以适应即将开始的各种健身活动，获得最佳运动健身效果，能有效地预防急性和慢性运动伤害。

准备活动的时间一般为5～10分钟，主要包括两方面内容：一是进行适量的有氧运动，如快走、慢跑等，使身体各器官系统"预热"，提前进入工作状态；二是进行各种牵拉练习，增加关节活动度，提高肌肉、韧带等软组织弹性，预防肌肉损伤。

准备活动的生理作用主要体现在以下几个方面。一是调整中枢神经系统的兴奋水平，使中枢神经系统与内分泌系统协同调控全身脏器机能活动，以适应机体承受大负荷强度刺激的需要。二是增强氧运输系统的机能，使肺通气量、摄氧量和心输出量增加，心肌和骨骼肌中毛细血管扩张，有利于提高代谢能力。三是升高体温。体温升高可以提高酶的活性，提高神经传导速度和肌肉收缩速度。四是降低肌肉黏滞性。肌肉黏滞性下降可降低肌肉收缩时的内阻，增加肌肉弹性，预防肌肉损伤。五是增加皮肤血流量。准备活动可以使皮肤毛细血管开放，皮肤血流量增加，有利于散热，防止热应激伤害。六是发挥痕迹效应。准备活动包括一般性身体活动和专项练习，专项练习时的肌肉活动能够在中枢神经系统的相关部位留下兴奋性提高的痕迹，如在此基础上进行训练，有助于发挥最佳机能水平，从而发挥良好的痕迹效应。

（二）基本活动

基本活动是体育锻炼的主要运动形式，包括有氧运动、力量练习、球类运动、中国传统运动等，持续时间一般为30～60分钟。在一次体育健身活动中，需要选择合适的运动方式、控制适宜的运动强度和运动时间。在一周的体育健身活动安排中，体育健身活动者可以根据自身情况选择不同的体育健身活动方式和运动强度。不同体育健身活动方式的运动强度、运动时间和运动频率安排见表3-11。

表3-11　不同体育健身活动方式的运动强度、运动时间和运动频率

运动项目	运动强度	运动时间	运动频率（天/周）
快走、慢跑、游泳、自行车、秧歌	中	30分钟或以上	5～7
跑步、快节奏健美操	大	20分钟或以上	2～3
太极拳、气功	中	30分钟或以上	3～7
篮球、足球、网球、羽毛球、乒乓球	中、大	30分钟或以上	3
力量练习	中	20分钟或以上	2～3
牵拉练习	—	5～10分钟	5～7

（三）放松活动

放松活动是指主要运动健身活动后进行的各种身体活动，主要包括行走（或慢跑）等小强度活动和各种牵拉练习。体育健身活动后，做一些适度放松活动，有助于消除疲劳，减轻或避免身体出现一些不舒服症状，使身体各器官系统机能逐渐从运动状态恢复到安静状态。做一些牵拉性练习，有利于提高身体柔韧性。

运动过后进行一些静力性拉伸可以在消除肌肉紧张酸疼、加速血液循环、消除疲劳、恢复体能、提高身体适应力等方面具有事半功倍的效果。

二、碎片时间锻炼

工作和健身不管是哪方面都不可割舍，问题的关键是二者如何平衡。你看扎克伯格忙不忙，作为全球最年轻的亿万富翁，他的一天有数不清的事情要做，但是一旦完成计划内的事情，他就会出去锻炼身体。就工作和健身怎样做到平衡，利用碎片化时间锻炼，我提出以下几点建议。

（一）把健身嵌入日常生活

在工作的时候努力，陪伴家人的时候就要全心全意，同时把健身纳入计划之内，给自己设立一个个可以完成的小目标，给自己定下时间，在这个时间内专注地完成目标。要相信自己有能力也有时间完成目标，只要安排妥当、足够重视某些事情，那么总会有时间去做。早晨早起半个小时或更早来进行晨跑，把看手机的时间省下来；中午进行半个小时的力量练习，下午下班再进行半个小时的力量练习。同时在上班的间隙可以进行一些拉伸锻炼。这样会让人觉得神清气爽，瞬间赶走疲惫和负面情绪。

（二）对时间详细规划

许多人认为工作时很难抽出时间进行锻炼，并且健身常常会被其他的琐事给打断。因此，我们需要将一天的时间详细规划，将每一件事情花费的时间做出细致的规划，将一天的计划写在本子中，在每完成一件事情后做一个记号。

把一天用于工作的时间划分出来以后，将闲暇时间安排一定量的健身计划，同时将健身计划进行细化。例如，第一天做哪些动作，锻炼哪些部位，每个动作做几组，间歇时间是多少，将计划写在一个可以随身携带的小本子上，每完成一项打一个勾，一天的计划完成之后把整页都撕下来，成就感满满，收获满满。

（三）注重优先顺序

注重优先顺序。在每一次要开始做一件事情的时候，你可以想想：我现在做的事情是最重要的吗？如果是次要的，那就把这件事情放一放，先把重要的事情做了吧。这是针对工作的建议，在很大程度上我们能避免加班就不要拖时间，要把碎片化的时间拼成整块，有利于集中精神做更多的事情。不在不重要的事情上花费太多的时间。

（四）把动起来当习惯

健身可以从每一次的小目标开始。你如果注意以下几个方面，那日常消耗的卡路里就会大幅增加。① 不坐自动扶梯而走楼梯，小跑上楼梯，你会发现比坐自动扶梯快。② 午休时间内，尤其是在吃完午饭之后，出去走走，不要一直坐着。③ 聚餐的时候遇到重油、重辣，可以找服务员要一碗清水，涮一下清水会好很多。④ 家里准备一张瑜伽垫、一对哑铃，尽量不要放零食。⑤ 每个早晚进行拉伸。睡一晚上身体会有点僵，拉伸加快血液循环，带来一天的精气神。

三、四季参与健身

春季锻炼。一年之计在于春，春季科学地进行体育锻炼可以为一年的体育锻炼和身体健康打下较好的基础。经过寒冷的冬季，身体各器官的功能包括肌肉的功能都处于较低水平，肌肉、韧带也较为僵硬，所以开春进行体育锻炼，是以加强体内的新陈代谢为主，逐渐提高各器官的机能水平。体育锻炼的内容应以有氧代谢为主，运动强度要逐渐增加，运动形式多为长跑、自行车、跳绳、爬山、球类运动等。在春季进行体育锻炼时，要做好准备活动，充分伸展僵硬的韧带，以减少运动损伤。

同时要及时增减衣服，防止感冒。

夏季锻炼。夏季天气炎热，给体育活动带来很大不便，但如果夏季停止体育锻炼又破坏了体育锻炼的连续性。所以，夏季既要坚持体育锻炼，又要掌握锻炼的空间和时间。夏季最理想的运动是游泳，这项运动不仅可以提高身体机能，同时又可防暑解热。但并不是所有人都有条件或适合进行游泳运动。夏季可供人们选择的体育锻炼项目还有慢跑、散步、太极拳、羽毛球等。在进行这些项目的运动时，最好是在清晨和傍晚进行，运动后要注意水分的补充，以防身体脱水和中暑。

秋季锻炼。秋高气爽，是体育锻炼的大好季节。体育运动中许多重大的国际比赛都安排在秋季进行，说明秋季适合多种体育运动的开展，如篮、排、足三大球，长跑、武术、自行车等。一些冬季锻炼项目，如冬泳、冷水浴等，也应该从夏末秋初就开始准备，以便使身体有一定的适应过程。秋季进行体育锻炼时，由于天气变化无常，早晚气温较低，锻炼时要注意及时增减衣服。另外，秋天的天气干燥，锻炼前后要补充水，以保持黏膜的正常分泌和呼吸道的湿润。

冬季锻炼。冬季参加体育锻炼，不仅可以提高身体的健康水平，更重要的是可以提高身体的抗寒能力，预防各种疾病的发生，所谓的"冬练三九"就是这个道理。冬季体育锻炼的内容非常丰富，成年人可进行长跑、足球、拔河等；少年儿童可选择跳绳、踢毽子、跳橡皮筋；老年人可选择慢跑、太极拳、广播体操。北方还可练习滑雪、滑冰。冬季锻炼时身体生理机能惰性较大，肌肉组织容易受伤，所以要做好准备活动。运动时最好采用口鼻呼吸方式，吸气时，口不要开得太大，防止冷空气直接刺激口腔粘膜。

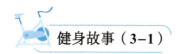

健身故事（3-1）

医学家王陇德健身故事

王陇德，男，1947年1月生于甘肃省兰州市。他是中国工程院院士、中华预防医学会会长、原卫生部副部长。王陇德从小就喜欢运动，在上学期间经常参加学校组织的体育比赛，但后来到了工作岗位上以后不运动了。1994 年之后体重增加，后来得了腰椎间盘突出，认识到不锻炼不行。从那时候起，他开始逐渐地运动锻炼，同时也学习关于健身方面的知识，保证自己每周有 3 天以上的时间参与锻炼。现如今，王陇德院士已经坚持锻炼 20 多年了，健身已经融入了他的日常生活之中，平均每天锻炼 1 小时，从不间断。他平常做做力量训练、打打太极拳，周末游游泳等，70 多岁依旧活力四射。无论工作多忙，王陇德院士都要抽出时间锻炼，在他看来，健身是随时随地的。即使是出差在外，他也不耽误健身。代替哑铃的拉力器一直是必备的行李，晚上休息的时候，他就边看电视边练拉力器。王陇德说："尽管现在 70 岁了，我的手臂三角肌、胸肌一点也不亚于很多年轻人。"

健身行为

王陇德院士介绍，他多年来一直坚持每天运动，在家看电视、听音乐时练哑铃，而出差就带上轻便的拉力器。他每次都做 4 组动作，每组 16 次，一共 64 次。拉力器除了可双手臂拉伸，还可手脚并用，通过变换拉伸方向，锻炼手臂三角肌和胸肌，效果绝不亚于哑铃。他每天练 1 小时左右。哑铃、拉力器的主要功能是锻炼肌肉。王陇德院士说：撞击运动能防止骨质疏松，通过运动撞击能把血钙调到骨骼上去，否则吃再多的钙也没效果。他的撞击运动是模拟跳绳，都是晚饭后 2 小时后开始跳，一边看电视一边做，看着看着就做完了，一点也不枯燥。他根据自身情况设计了几套动作，锻炼臂、腰、腹、背部肌肉，上下肢交叉练习，一天锻炼上肢，一天锻炼下肢。他建议，在一般性有氧运动的基础上适当增加一些负重锻炼，有助于减少肌肉流失，抵抗衰老。负重锻炼不一定要去健身房，随时随地都可以做到。最简单的方法是，准备一个小重物，每个运动的动作做 4 组，每组 10 次左右，组与组的间隔不超过 1 分钟。做一天力量练习之后要休息一天，而不是每天都做力量练习，这样才能刺激肌肉生长。负重锻炼抵抗衰老并非一朝一夕之功，需要长期坚持。最初 3 周的坚持很重要，能够初步形成习惯。坚持 3 个月会形成稳定的习惯，而坚持半年将形成牢固的习惯。

健身认知观念

王陇德院士说：体育锻炼是保证健康的第一要素，这是我多年参加体育锻炼得出的心得体会。对于人的健康来说，体育是第一位的，卫生是第二位的，因为体育是主动的，卫生很多时候是被动的。因此加强体育锻炼对于促进和维护身体健康是非常重要的。坚持锻炼和不锻炼完全不一样，经过这么多年的体育活动，原来一些不正常的指标，现在都正常了。体重从 80 公斤减到了 65 公斤，精力也变得更好了。人衰老的最重要原因是肌肉流失。从 30 岁左右开始，如果不刻意锻炼的话，肌肉将逐渐丢失。美国心脏学会和世界卫生组织都曾在其保健指南里提出，65 岁以上的老人，每周应做 2~3 次 8~10 种的负重锻炼或力量训练。负重锻炼可以增加肌肉的强度，降低骨质疏松的风险。中老年人可以适当做些负重运动，比如爬楼梯、仰卧起坐。同时，要营养均衡，增加一些蛋白质与钙的摄入，比如可多吃些奶类和蛋类食品。在此基础上，增加在户外活动的机会，争取多晒晒太阳，这样可以增加人体内的维生素 D 含量。

经验建议

关于健身活动，王陇德院士的建议是：迈开腿，管住嘴。先把运动做起来，然后再管住嘴，从运动量多少可知道吃多少合适。再将中西医结合起来，研究如何用优秀的传统运动项目指导百姓健身。王陇德院士举例说，人平常静坐时，有 30%的残气是排不出来的，如果通过习练健身气功等方式对气息进行调整，增加肺活量，将残气排出，对身体健康很有好处。由此可见，像健身气功等中国传统的锻炼方式对于人体健康是非常有帮助的。世界卫生组织认为，生活方式和行为是影响健康和寿命的首要因素。其中，科学把握膳食结构和数量是一个重要影响因素。王陇德院士提出"十个网球"原则。用十个网球的体积分配一天四大类食物，即每天不超过一个网球大小的肉食，相当于两个网球大小的主食，保证三个网球大小的水果，不少于四个网球大小的蔬菜。食物多样化做到了，就不需要任何所谓的营养品补充。

第四章
健身筛查与测评

健身者不需要做很多不同的练习来变强——只需要做少数几个重要的练习就可以变强，这些动作能够把全身当作一个系统，而不是孤立的各个身体部位的集合来训练。

——瑞比托

本章介绍科学健身的"筛查、测评、处方、计划"四步流程（图4-1），希望极简健身者遵循流程，科学健身。聚焦社会需求，依据运动医学、锻炼心理学、运动训练学和体育管理学的最新成果，梳理和运用了《ACSM运动测试与处方指南》（第10版，2019）、《WHO健康成年人体力活动推荐量》（2018）、《全民健身指南》（第2版，2018）及《ACSM基础肌力与体能训练》（2014）等文献中的权威理论和最新观点。为了构建运行良好的科学健身自我管理体系，本流程设计强调4个对应：综合运动能力与运动处方的对应；运动行为阶段与指导干预内容的对应；运动设施环境与肌肉力量训练内容的对应；性别、年龄与运动方式的对应。

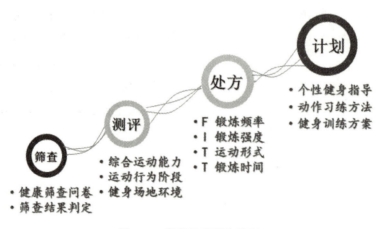

图4-1　科学健身四步流程

第一节　运动前健康筛查

科学锻炼的安全至上原则。通过健康的筛查、医学的检查、运动能力的测评和运动风险的评估，可以提升每个健康运动的安全。尽管有氧运动和抗阻力量训练的风险似乎很低，但严肃的锻炼是对身体的剧烈改造，所有想要开始运动计划的个体，都应使用运动前健康筛查的自我筛查工具进行筛查，以确定是否适合即刻开始运动锻炼以及是否需要进一步医学筛查。筛查流程包括运动前健康筛查问卷（表4-1）和回答运动前医学史访谈。

一、运动前健康筛查问卷

表4-1 运动前健康筛查问卷

第一步：症状和体征

□劳力性胸部不适

□无原因的呼吸困难

□眩晕、晕厥、黑蒙

□踝关节水肿

□剧烈、快速或不规则的心跳产生的不适感

□短距离行走时下肢灼热感或抽筋样感觉

□已知的心脏杂音

（说明：评估顾客的健康情况，勾选对应情况。如有勾选，停止询问，建议顾客运动前医学筛查）

第二步：当前情况

顾客是否进行至少每周3天、每天30分钟、中等强度的有计划、系统的体力活动，持续至少3个月

是□ 否□

第三步：医学情况

□顾客是否曾经或现在存在：

□心脏骤停

□心脏手术、心脏导管插入术、冠状动脉成形术

□心脏起搏器、植入性心脏除颤器、心律失常

□心瓣膜病

□心力衰竭

□心脏移植

□先天性心脏病

□糖尿病

□肾脏疾病

（说明：如果没有勾选第3步，不需要医学筛查；如果勾选3，且第2步勾选"是"，则可以无医学筛查下继续进行低到中等强度运动，如果要进行高强度运动则推荐医学筛查；如果勾选3，且第2步勾选"否"，推荐进行医学筛查）

二、健康筛查结果

根据运动前健康筛查，参与者被分为 6 类，其中 3 类可以开始参与运动：① 无运动习惯且没有疾病，可以即刻开始低到中等强度运动；② 有运动习惯且没有疾病，可以继续当前运动量和强度；③ 有运动习惯且有确诊疾病但无响应症状或体征，可以继续中等强度运动而不需医学筛查。其他情况，推荐参加医学筛查，根据医生建议适量运动。下面几个虚拟案例供参考（表 4–2～表 4–5）。

表 4–2　虚拟案例：青年男性赵东辰运动前筛查

姓名：赵东辰　　　　　　年龄：21 岁　　　　　　性别：男

1. 是否有以下症状，如果有，请在□内打"√"：
   □劳力性胸部不适
   □无原因的呼吸困难
   □眩晕、晕厥、黑蒙
   □踝关节水肿
   □剧烈、快速或不规则的心跳产生的不适感
   □短距离行走时下肢灼热感或抽筋样感觉
   □已知的心脏杂音

2. 您是否进行至少每周 3 天、每天 30 分钟、中等强度的有计划、系统的体力活动，持续至少 3 个月
   是☑　　否□

3. 医学情况
   您是否曾经或现在存在：
   □心脏骤停
   □心脏手术、心脏导管插入术、冠状动脉成形术
   □心脏起搏器、植入性心脏除颤器、心律失常
   □心瓣膜病
   □心力衰竭
   □心脏移植
   □先天性心脏病
   □糖尿病
   □肾脏疾病

筛查结果：可以即刻开始运动锻炼，不需要医学筛查

表 4-3　虚拟案例：青年女性王丽运动前筛查

姓名：王丽　　　　　年龄：28 岁　　　　　性别：女

1. 是否有以下症状，如果有，请在□内打"√"：

　　□劳力性胸部不适

　　□无原因的呼吸困难

　　□眩晕、晕厥、黑蒙

　　□踝关节水肿

　　□剧烈、快速或不规则的心跳产生的不适感

　　□短距离行走时下肢灼热感或抽筋样感觉

　　□已知的心脏杂音

2. 您是否进行至少每周 3 天、每天 30 分钟、中等强度的有计划、系统的体力活动，持续至少 3 个月

　　是□　　否☑

3. 医学情况

　　您是否曾经或现在存在：

　　□心脏骤停

　　□心脏手术、心脏导管插入术、冠状动脉成形术

　　□心脏起搏器、植入性心脏除颤器、心律失常

　　□心瓣膜病

　　□心力衰竭

　　□心脏移植

　　□先天性心脏病

　　□糖尿病

　　□肾脏疾病

筛查结果：低到中等强度运动无须医学筛查，但是要进行大强度运动，建议做医学筛查

表4-4 虚拟案例：中年男性李建国运动前筛查

姓名：李建国　　　　年龄：51 岁　　　　性别：男

1. 是否有以下症状，如果有，请在□内打"√"：
   □劳力性胸部不适
   □无原因的呼吸困难
   □眩晕、晕厥、黑蒙
   □踝关节水肿
   □剧烈、快速或不规则的心跳产生的不适感
   □短距离行走时下肢灼热感或抽筋样感觉
   □已知的心脏杂音

2. 您是否进行至少每周 3 天、每天 30 分钟、中等强度的有计划、系统的体力活动，持续至少 3 个月
   是☑　　否□

3. 医学情况
   您是否曾经或现在存在：
   □心脏骤停
   □心脏手术、心脏导管插入术、冠状动脉成形术
   □心脏起搏器、植入性心脏除颤器、心律失常
   □心瓣膜病
   □心力衰竭
   □心脏移植
   □先天性心脏病
   ☑糖尿病
   □肾脏疾病

筛查结果：低到中等强度运动无须医学筛查，但是要进行大强度运动，建议做医学筛查

表 4-5　虚拟案例：老年男性郑林庚运动前筛查

姓名：郑林庚　　　　年龄：68 岁　　　　性别：男

1. 是否有以下症状，如果有，请在□内打"√"：

　□劳力性胸部不适

　□无原因的呼吸困难

　□眩晕、晕厥、黑蒙

　□踝关节水肿

　□剧烈、快速或不规则的心跳产生的不适感

　□短距离行走时下肢灼热感或抽筋样感觉

　□已知的心脏杂音

2. 您是否进行至少每周 3 天、每天 30 分钟、中等强度的有计划、系统的体力活动，持续至少 3 个月

　是☑　　否□

3. 医学情况

　您是否曾经或现在存在：

　□心脏骤停

　☑心脏手术、心脏导管插入术、冠状动脉成形术

　□心脏起搏器、植入性心脏除颤器、心律失常

　□心瓣膜病

　□心力衰竭

　□心脏移植

　□先天性心脏病

　☑糖尿病

　□肾脏疾病

筛查结果：低到中等强度运动无须医学筛查，但是要进行大强度运动，建议做医学筛查

　　缺乏体育锻炼被认为是一种全球性流行病，不仅会导致疾病和早期死亡，而且会给经济带来很大负担。全球范围内每年都有超过500万人因为没有达到日常活动水平而死亡。研究显示，2013年，在全球范围内的医疗保健支出和用于丧失劳动力、缺乏体育锻炼的花费高达670亿美元。研究表明，每天久坐8个小时，但进行体育锻炼的人比那些久坐时间更短但不进行任何体育锻炼的人发生死亡的风险显著降低。死亡风险最大的大多是那些长时间久坐不太活跃的人，与那些最活跃的人群相比，他们当中发生早夭的可能性增加了59%，这个数字与吸烟和肥胖的相关风险数据类似。

第二节　运动能力测评

　　运动能力测评，目的是更准确地认识你自己，有的放矢、心中有数地进行锻炼。依据国家体育总局2018年发布的《全民健身指南》测试与评价方法，对测试指标和综合运动能力计算公式有所修正。从以下6个步骤获取的测试数据，根据测评公式得出健身者的综合运动能力，并定性为优秀、良好、合格、较差4个等级。单项运动能力评价采用5分制，5分为优秀，4分为良好，3分为中等，2分为较差，1分为差。综合运动能力评价采用4级评定：85分及以上为优秀、75分及以上为良好、60分及以上为合格、小于60分为较差。综合运动能力得分=有氧运动能力得分×10+肌肉力量得分×6+BMI得分×2+柔韧性得分×2。

一、BMI测试与评价

　　根据公式计算身体质量指数BMI，BMI=体重（千克）÷身高（米）的平方。测试身高、体重之后，计算出BMI数值，用来判断受试者的肥胖程度（表4-6）。

　　身高测试方法：受试者赤脚，背向立柱站立在身高计的底板上，躯干自然挺直，头部正立，两眼平视前方。使用电子身高计测量身高，以米为单位，精确到小数点后 2 位。

体重测试（图 4–2）方法：受试者穿短衣裤、赤脚，自然站立在体重计踏板中央，保持身体平稳。以千克为单位，精确到小数点后 1 位。

图 4–2　为了健康要经常监测体重

表 4–6　BMI 评分表

BMI	得分	评价
<18.5	3分	偏瘦
18.5～23.9	5分	正常
24～27.9	3分	超重
28～34.9	2分	轻度肥胖
35～39.9	1分	中度肥胖
≥40	0分	重度肥胖

二、最大摄氧量测试与评价

以推测法获取受试者的最大摄氧量数值。方法一是 1 英里（1.6 千米）步行测试，适用老年人群：受试者在水平地面上以最快速度步行 1.6 千米，结束后测试运动后即刻心率，并通过公式计算：$\dot{V}O_2\max =132.853-0.035\times$体重（公斤）$-0.3877\times$年龄$+6.315\times$性别（男性1，女性0）$-3.2649\times$时间（分钟）$-0.1565\times$心率（次/分）。方法二是1.5英里（2.4千米）跑测试，适用中青年人群。公式为$\dot{V}O_2\max=$平均跑速（米/分）$\times0.2+3.5$。得出受试者最大摄氧量数值后，对照评分表，可以评价其有氧能力（表4–7、表4–8）。

表4–7　男性最大摄氧量评分表　　　　单位：毫升/（千克·分）

年龄/岁	5分（优秀）	4分（良好）	3分（合格）	2分（较差）	1分（差）
20～29	>45	41–45	37–40	33–36	<33
30～39	>43	39～43	35～38	31～34	<31
40～49	>41	37～41	33～36	29～32	<29
50～59	>39	35～39	31～34	27～30	<27
60～69	>39	35～39	31～34	27～30	<27
70～79	>36	32～36	29～32	26～29	<26

表4–8　女性最大摄氧量评分表　　　　单位：毫升/（千克·分）

年龄/岁	5分（优秀）	4分（良好）	3分（合格）	2分（较差）	1分（差）
20～29	>40	36～40	32～35	28～31	<28
30～39	>38	34～38	30～33	26～29	<26
40～49	>36	32～36	28～31	24～27	<24
50～59	>34	30～34	26～29	22～25	<22
60～69	>33	30～33	26～29	22～25	<22
70～79	>31	28～30	26～28	22～25	<22

图4–3　握力计

三、肌肉握力测试与评价

测试仪器：握力计（图4–3）。

测试方法：测试前，受试者用有力手握住握力计内外握柄，另一只手转动握距调整轮，调到适宜的用力握距，准

备测试。测试人员打开电源开关，显示屏上出现闪烁信号，最后定格在
".0"数值上，表明握力计进入工作状态。测试时，受试者身体直立，双
脚自然分开，与肩同宽，两臂斜下垂，掌心向内，用最大力紧握内外握
柄。测试 2 次，记录最大值，以千克为单位，精确到小数点后 1 位。将
测量数值对应评分表可以评价受试者握力水平（图4-9，图4-10）。

表4-9　男性 20～69 岁人群握力　　　　　　　　　单位：公斤

年龄/岁	5分（优秀）	4分（良好）	3分（合格）	2分（较差）	1分（差）
20～24	>55	49～55	44～48	37～43	<36
25～29	>57	51～57	45～50	38～44	<37
30～34	>57	51～57	45～50	38～44	<37
35～39	>57	51～57	45～50	37～44	<36
40～44	>57	50～57	44～49	37～43	<36
45～49	>55	49～55	43～48	36～42	<35
50～54	>53	46～53	41～46	33～40	<32
55～59	>51	44～51	39～43	32～38	<31
60～64	>48	41～48	35～40	27～34	<27
65～69	>45	38～45	33～37	25～32	<25

表4-10　女性 20～69 岁人群握力　　　　　　　　　单位：公斤

年龄/岁	5分（优秀）	4分（良好）	3分（合格）	2分（较差）	1分（差）
20～24	>34	30～34	26～29	21～25	<20
25～29	>35	31～35	26～30	22～25	<21
30～34	>35	31～35	27～30	23～26	<22
35～39	>36	32～36	28～31	22～27	<21
40～44	>37	32～37	27～31	22～26	<21
45～49	>36	30～36	27～29	21～26	<20
50～54	>34	29～34	25～28	20～24	<19
55～59	>33	28～33	24～27	19～24	<18
60～64	>31	26～31	22～25	17～21	<17
65～69	>30	25～30	21～24	16～20	<16

四、引体向上力量测试与评价

动作规范：受试者跳起双手正握杠，两手与肩同宽成直臂悬垂。静止后，两臂同时用力引体，上拉到下颌超过横杠上缘为完成一次，下颌没有超过横杠上缘不计算个数，还原时两臂要伸直（图4-4）。每人1次机会。将测量数值对照评分表可以评价受试者背部力量水平（表4-11）。

表4-11　引体向上单项评分表　　　　　单位：次

等级	单项得分/分	18～24	25～34	35～44	45～54	55～59
优秀（5）	100	19	20	19	18	17
	95	18	19	18	17	16
	90	17	18	17	16	15
良好（4）	85	16	17	16	15	
	80	15	16	15		14
及格（3）	78				14	
	76	14	15	14		13
	74				13	
	72	13	14	13		12
	70				12	
	68	12	13	12		11
	66				11	
	64	11	12	11		10
	62				10	9
	60	10	11	10	9	8
不及格（2）	50	9	10	9	8	7
	40	8	9	8	7	6
	30	7	8	7	6	5
	20	6	7	6	5	4
	10	5	6	5	4	3

图 4-4　测试引体向上

五、俯卧撑力量测试与评价

测试方法：测试前，受试者双臂伸直，分开与肩同宽，手指向前，双手撑地，躯干伸直，两腿向后伸直。当听到测试人员发出"开始"口令后，受试者屈臂使身体平直下降至肩与肘处在同一水平面上；然后，将身体平直撑起，恢复到开始姿势。此时为完成一次俯卧撑动作。受试者须连续不断地重复此动作。当受试者不能完成动作或不能持续保持正确动作时，测试人员记录完成次数，以次为单位。将测量值对照评分表可以评价受试者胸部力量水平（表4-12）。

表4-12　20～59岁男性俯卧撑评分表　　　　单位：次

年龄/岁	5分（优秀）	4分（良好）	3分（合格）	2分（较差）	1分（差）
20～24	>40	28～40	20～27	13～19	<13
25～29	>35	25～35	18～24	11～17	<11
30～34	>30	23～30	16～22	11～15	<11
35～39	>27	20～27	12～19	7～11	<7
40～49	>25	17～24	13～16	10～12	<9
50～59	>21	13～20	10～12	7～9	<6
60～69	>18	11～17	8～10	5～7	<4

注：测评单位为次数；20～39岁根据我国《全民健身指南》测评方法；40～59岁参考加拿大锻炼心理协会体适能测评表。

六、柔韧能力测试与评价

采用坐位体前屈测试，测量静止状态下躯干、腰、髋等关节可能达到的活动程度。使用坐位体前屈测试器。受试者两腿伸直，两脚平蹬测试纵板坐在平地上，两脚分开 10~15 厘米，上体前屈，两臂伸直向前，用两手中指尖逐渐向前推动游标，直到不能前推为止。记录以厘米为单位，保留 1 位小数。测试 2 次，取最好成绩。将测量值对照评分表可以评价受试者柔韧能力（表 4-13、表 4-14）。将受试者各项测试数据换算成得分，代入综合运动能力计算公式，就可以评价其体适能水平（表 4-15、表 4-16、表 4-18）。

表 4-13 男性坐位体前屈评分表

年龄/岁	5分（优秀）	4分（良好）	3分（合格）	2分（较差）	1分（差）
20~24	>20	14~20	9~13	2~8	-4~1
25~29	>20	14~20	8~13	1~7	-6~0
30~34	>19	12~19	7~11	1~6	-7~0
35~39	>18	11~18	5~10	-2~4	-9~-3
40~44	>17	10~17	4~9	-4~3	-9~-5
45~49	>16	10~16	4~9	-4~3	-10~-5
50~54	>15	8~15	3~7	-5~2	-11~-6
55~59	>14	8~14	2~7	-6~1	-12~-7

表 4-14 女性坐位体前屈评分表

年龄/岁	5分（优秀）	4分（良好）	3分（合格）	2分（较差）	1分（差）
20~24	>20	14~20	9~13	3~8	-2~2
25~29	>20	14~20	8~13	2~7	-3~1
30~34	>19	13~19	8~12	2~7	-4~1
35~39	>18	11~18	5~10	0~4	-8~-1
40~44	>18	12~18	6~11	1~5	-6~0
45~49	>18	12~18	6~11	0~5	-6~-1
50~54	>18	12~18	6~11	0~5	-6~-1
55~59	>18	12~18	2~11	0~5	-6~-1

表4-15 青年男性赵东辰运动能力测评结果

	测量值	计算结果	得分
BMI	身高175cm；体重68kg	22.2	5
最大摄氧量	40.7		4
握力	57		5
坐位体前屈	12		3
体适能水平		86	优秀

注：最大摄氧量测评单位为毫升/千克/分，握力测评单位为千克，坐位体前屈测评单位为厘米，俯卧撑测评单位为次数。表4-16、表4-17、表4-18同。

表4-16 中年男性李建国运动能力测评结果

	测量值	计算结果	得分
BMI	身高171cm；体重78kg	26.7	3
最大摄氧量	32.7		3
握力	47		4
坐位体前屈	4		3
体适能水平		66	合格

表4-17 青年女性王丽运动能力测评结果

	测量值	计算结果	得分
BMI	身高160cm；体重48kg	18.8	5
最大摄氧量	34.7		3
握力	30		3
坐位体前屈	7		2
体适能水平		62	合格

表4-18 老年男性郑林庚运动能力测评结果

	测量值	计算结果	得分
BMI	身高170cm；体重78kg	22.2	3
最大摄氧量	27.0		2
握力	35		3
坐位体前屈	4		3
体适能水平		50	较差

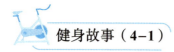

健身故事（4-1）

数学家刘克峰健身故事

运动史

刘克峰于 1965 年出生于河南开封。他是浙江大学数学中心执行主任兼数学系主任，同时还是位乒乓健将。他教学之余喜欢打乒乓球，是个快攻高手，快攻加弧旋球的凌厉攻势曾使他的对手感到胆寒。他是上大学时才开始喜欢上乒乓球的，那时没有 DVD，没有师傅，他把北京大学图书馆里所有关于乒乓球的书借了几遍，看着里面的图画，比比划划，学会了还算标准的动作。他在燕南园里看到有个石头球台，几乎每天都和同学跑去打球，打到月亮升起，再借着月光打，一直打到看不清球为止。大三时，有了乒乓球课，每星期一次的乒乓球课成了他的期待。如此坚持练习打乒乓球，刘克峰从北京大学打到中国科学院再打出国门，打到美国哈佛大学，打到麻省理工学院，求学研究到哪里，乒乓球就打到哪里。在哈佛大学，刘克峰曾代表哈佛校队参加全美大学乒乓球赛，还拿过不少次的全校冠军。后来回国后，刘克峰就去了杭州，杭州吸引他的不仅有浙大和西湖，还有一个原因是这里有很多乒乓球球友。在浙江大学的这一年，他不仅在数学研究上有很大进展，乒乓球水平也突飞猛进，真可谓全面丰收。

健身行为

"我就是喜欢打乒乓球。"刘克峰说，"打球让我特别快乐！"他对乒乓球的坚持几近痴狂，每天不打一两个小时，就觉得浑身上下不得劲。来到杭州之后，他也结交了不少球友，只要有空总会呼唤朋友来打球。他的个人网页除了数学内容外，还专门有个乒乓球的栏目。他说，打乒乓球对搞数学的人特别好，脑子、眼睛累了，中午打乒乓球 1 个小时，一个下午精神都很好。他曾代表浙大参加浙江省乒协杯比赛，在有全省几十个队参加的这次比赛中，他拿了个亚军。让刘克峰颇为自豪的是，前段时间他与全国城运会冠军比赛，在对手让 6 分的情况下，赢了对手。这位世界一流的数学家无论到哪里工作，都要先买个乒乓球台。现在浙大的乒乓球台就是世界杯标准乒乓球台。刘克峰说："杭州的炎夏，稍一动就会大汗淋漓，打过乒乓球，球衣可以拧出水来，好像是蒸桑拿。打完球再与朋友到附近的小餐馆坐下，几盘凉菜上桌，几瓶冰镇啤酒下肚，怎一个爽字了得！朋友笑他乐不思蜀，说他是为了乒乓球才住杭州。他有时也搞不清是为数学，为乒乓球，还是为了那美得如同梦一样的西湖，才长住杭州。"

健身认知观念

刘克峰说，做数学是对一个人智力的挑战，打球也是这样。有时一个球没打好，就老是在想怎么样去打好它，像做数学一样去琢磨它。打球要不怕输，要输得起，赢得起，做数学、做人也一样。打球首先是能够促进身体健康，其次是调节心情。数学研究有时很费脑，一挥拍，一出汗，一阵吼，烦恼事全部清空，脑子重新转动，思路迅速打开。打球还可以交友，可以与人沟通。有时还可以通过打乒乓球处理一些事情，当年潘校长有事会来数学中心找他打球，借着打球谈谈工作的事，然后一起吃饭，把工作细节都落实好。

经验建议

首先，在一开始打乒乓球的时候，必须保证姿势动作标准，如果一开始打乒乓球时的姿势不标准甚至是不正确的，那样会限制你以后的发展，只有姿势正确了才能使你进退从容，攻防协调。

其次，一个很容易被忽视也很重要的技术是步法，脚步的移动对于打乒乓球来说相当于地基，只有步法到位了，才能充分发挥上身及手臂的技术，如果步法不到位，其他技术再熟练那也是徒劳的。另外，乒乓球运动讲究动作的协调，需要全身各部位的结合，从脚到腿再到腰，最后经肩到胳膊再到手腕，每一个动作都需要全身各部位的配合才能完成。要在短暂的时间完成这一系列复杂的动作必须得多加练习，最好是找一些技术较好的同学学习一下，在与他切磋训练的时候将会取得意想不到的进步。

最后，想成为一名乒乓球高手需要恒心、毅力，需要日积月累、循序渐进。练球重要的是保持平和的心态，不急躁，不怕输。同时打乒乓球可以锻炼反应能力，也可以协调身体各部位的配合，还能增强自信心、自持力、独立性，提高思维敏捷性。每次打完球后，都感觉思维更加灵活，心情更加舒畅，能够以更加饱满的热情投入到生活、工作中去。

第五章
极简运动处方

人的一生中常常会有一个决定性的时刻，促使我们下定决心改变自己的坏习惯，比如开始锻炼身体。一次健康危机、一次同学聚会或者一张不美化就无法看的照片等，都可能产生这样的作用。

——铃木

第一节　基于运动能力的处方干预

运动处方（FITT）的概念最早是美国生理学家卡波维奇在 20 世纪 50 年代提出的。运动处方的概念是：康复医师或体疗师，对体育锻炼者或病人，根据医学检查资料（包括运动试验和体力测验），按其健康、体力及心血管功能状况，用处方的形式规定运动种类、运动强度、运动时间及运动频率，提出运动中的注意事项。运动处方是指导人们有目的、有计划和科学地锻炼的一种方法。

根据健身者的综合运动能力评价优秀、良好、合格、较差 4 个等级，与《全民健身指南》不同阶段体育健身活动方案对应，明确运动处方的运动频度、运动强度、运动方式、持续时间。优秀者和良好者推荐长期体育健身活动方案，合格者推荐中期体育健身活动方案，体适能较差者推荐初期体育健身活动方案（表 5-1）。

表 5-1　运动处方的构成

综合运动能力评价	对应	运动处方（FITT）
优秀或良好	→	运动频度：运动 5～7 天/周，大强度运动每周不超过 3 次 运动强度：中等强度运动相当于 60%～80%最大心率，大强度运动达到 80% 以上最大心率；力量练习采用 10～20RM 负荷，重复 10～15 次；各种牵拉练习 运动方式：保持体育健身活动中期的运动方式 持续时间：每次中等强度运动 30～60 分钟，或大强度无氧运动 15～25 分钟，或中等、大强度交替运动方式；8～10 种肌肉力量练习，各重复 2～3 组，每次进行 5～10 分钟牵拉练习

续表

综合运动能力评价	对应	运动处方（FITT）
合格	→	运动频度：3～5 天/周 运动强度：有氧运动强度由 60%～65% 最大心率，逐渐增加到 70%～80% 最大心率；每周可安排 1 次无氧运动，力量练习采用 20RM 以上负荷，重复 6～8 次 运动方式：保持初期的体育健身活动方式；适当增加力量练习 持续时间：每次运动 30～50 分钟；如安排无氧运动，每次运动 10～15 分钟；每周 1～2 次力量练习，每次 6～8 种肌肉力量练习，各重复 1～2 组，进行 5～10 分钟牵拉练习
较差	→	运动频度：3 天/周，逐渐增加到 5 天/周 运动强度：55%最大心率，逐渐增加到 60%最大心率 运动方式：中等强度有氧运动、球类运动、中国传统运动、柔韧性练习 持续时间：每次运动 10～20 分钟，逐渐增加到 30～40 分钟

依据运动体适能、运动行为阶段、锻炼设施环境，达成运动处方提出的行为目标，提出一次锻炼计划方案和两周锻炼计划方案。运动处方的科学性较为充分，但是可行性往往不足，毕竟不是每位体育科学研究者都是运动训练专家。

第二节　基于健身行为阶段的处方干预

一、判断健身者所处的行为阶段

人类行为理论中的转换理论模型（TTM），提供了理解健身行为改变的框架。TTM 包含 5 个阶段：①前意向阶段，在未来 6 个月内没有规律运动的打算；②意向阶段，在未来 6 个月内有规律运动的打算；③准备阶段，在未来 30 天内有规律运动的打算；④行动阶段，进行了小于 6 个月的规律运动；⑤维持阶段，进行了大于 6 个月的规律运动。在健身者努力改进健身行为过程中，通常 5 个阶段会线性依次出现，当然也会出现反复回弹和屡次失败后成功改变的可能性。普通人的运动健身往往停滞在第 3 和第 4 阶段，反反复复、练练停停，只有少数人才能维持在第 5 阶段。转换理论模型调查的 5 个问题是：

（1）我在未来 6 个月内没有进行体育锻炼的意图。

（2）我准备在未来 6 个月内进行规律的体育锻炼。

（3）我准备在未来 30 天内进行体育锻炼，并且已经采取了一些行为准备。

（4）我已经参加规律的体育锻炼但少于 6 个月。

（5）我已经进行规律的体育锻炼并超过 6 个月。

美国运动医学学会提出了促进不同阶段健身行为改变的策略。①从前意向阶段到意向阶段，强调坚持规律运动的益处，注意强调运动后的改变而非静坐少动的后果。探讨那些限制个体完成体力活动的因素，澄清其中的误解。比如，有人认为没有时间是不进行运动的根本原因，但事实上遇到这种情况，完全可以适当地缩短运动时间，或者将计划完成量化整为零。帮助意向者畅想参加短期运动后将发生的改变，如睡眠质量提升、压力水平下降、体力增加。探讨意向者自身静坐少动生活方式对配偶、子女等人造成的影响。②从意向阶段到准备阶段，从阻碍运动的因素入手，一一寻找解决办法；进行自我效能感的评估与提升。探讨可能采取的行动。强调积少成多、日积月累的重要性。

二、促进阶段转换的策略

如何养成锻炼的习惯？我们认为只要坚持锻炼，感受到锻炼带给自己切实的好处之后，就能养成习惯。刚开始不要给自己设定坚持每天锻炼 30 分钟的目标，因为习惯还不够强大，很容易被各种意外打乱。一旦没有完成既定的目标，就容易灰心丧气，甚至破罐破摔，就此放弃锻炼目标（表 5-2）。

为什么有些人觉得跑步痛苦，而有些人坚持长跑，十几二十公里都不在话下？这难道真的是因为那些能坚持长跑的人有更强的意志力吗？事实并非如此，坚持长跑的人觉得，长跑让人感到愉悦，跑完后内心充满宁静和快乐，这种感觉无与伦比。

而同样坚持去健身房锻炼的人也并非是有着钢铁般意志力的人。他们在每次锻炼后，都能感到压力减少，注意力更加集中，办事效率变高，同时也收获了好心情。如果几天没锻炼，身体就会发出抗议，人也会觉得烦闷急躁，这被称为"健康成瘾"，也就是说，渴望那些对身心有益的事情。"健康成瘾"能够保证人们长期而自觉坚持锻炼。

表5-2　促进阶段转换策略

转换	策略
前意向阶段到意向阶段	• 提供适度锻炼带来益处信息 • 讨论对主观觉察障碍的误解，如"没有时间，则可以短时间内完成锻炼" • 让他们想象一下如果锻炼会感觉到什么，如睡得好、减轻压力、更多精力 • 讨论不运动可能如何影响自己以外的人，如配偶、孩子
意向阶段到准备阶段	• 探索消除阻碍体育锻炼因素的可能方案 • 评估自我效能感水平，并运用技术建立自我效能感 • 强调在朝向规律运动中，即使前进一小步也是重要的 • 鼓励把自己看作一个健康、活跃的人
准备阶段到行动阶段	• 帮助制订适当的锻炼计划，使用工作表或契约书来做出正式承诺 • 使用强化予以奖励 • 教授自我监控技术，如跟踪时间和距离 • 继续讨论如何克服任何阻碍自己进行健身锻炼的因素 • 鼓励他们创造一个有助于体育锻炼的环境 • 鼓励用锻炼活动来替代静坐少动
行动阶段到保持阶段	• 为目标进度提供积极和有意义的反馈 • 探索不同方式的锻炼活动，以避免倦怠 • 鼓励他们合作，甚至帮助他人更热爱运动 • 讨论预防复发策略 • 可用于维持动机的相关潜在奖励

 小贴士

科学健身的"四动"如下。①因人而动。根据个人职业、工作与生活习惯和环境条件，选择力所能及的健身方法。上班族因时间紧、工作忙，可以不乘电梯而改爬楼梯，工作间隙时打乒乓球、做保健操等。②持恒而动。每次运动的效果只能保持48小时，如果三天打鱼，两天晒网，则是无效的运动。偶尔进行大运动量的锻炼，过后又不坚持，对人体无益而有害。每周至少参加3次以上30～50分钟的锻炼才能达到健身目的。③择时而动。运动因人的习惯，早晚皆可。气候变化时锻炼时间稍做调整，冬天在晨曦后，夏天在清晨或傍晚，避开寒冷和高热时对人体的侵害。雾天空气浑浊，等雾散尽后锻炼为宜。另外，饱餐后1小时方能锻炼，空腹运动也不科学。如患感冒、肌肉关节在病变时或刚动手术不久暂不宜运动。④量心而动。心脏是人体的中心，是人体得以正常运转的枢纽。实践证明，只有相对固定的时间，一定强度周期地通过运动刺激心脏和肌肉，才能更好地维护和促进它们的功能，根据自己的运动中心率变化来增加或减少运动量。适宜心率=220-年龄。

健身故事（5-1）

数学家彭实戈健身故事

彭实戈，1947年12月8日出生于山东省滨州市。他是山东大学数学教授。数学家彭实戈提出倒向随机微分方程，是中国科学院院士，我国金融数学领军人物。熟悉彭实戈的人都知道，他最喜欢的运动是爬山。他常说，做研究就像爬山，可能会很辛苦，但是，一旦爬到山顶，蓦然回首，风光无限。他尤其喜欢走没有人走过的崎岖山路，因为可以看到许多别人看不到的风景。他从小就特别喜欢运动。少年时代，他是学校体操队的成员；大学里，他是学校排球队的主力二传。他喜欢爬山、游泳，也会半夜起来为中国足球队助威。不太忙的时候，周六上午他会跟学生一起打排球和羽毛球、跳绳、滑旱冰。彭教授最为喜爱的运动还是爬山，他对山情有独钟，读书学习研究累了，他就去爬山。他爬山与众不同，不走大路，专走小路；不走已有的路，专走没有路的路。他的妻子郝鲁民说，刚认识彭实戈不久，他们与朋友一起去爬济南东南部的大佛头山，在旁人看来根本无法攀登的峭壁上，他硬是踩着石棱扒着石缝上了山顶，让郝鲁民在一旁看得手脚冰凉，胆战心惊。他的学生吴臻记得，1999 年到香港开会，会期很短，只有半天时间可以自由支配，彭实戈不去领略现代都市的繁华，不去感受维多利亚海湾的浪漫，却和学生一起，攀上了太平山。在法国马赛，在日本东京，所到之处他都要去征服几个山头。

健身行为

爬山不需要特殊的设备，又是户外有氧运动，对于居住在闹市的人们，爬山已成为他们锻炼身体的首选方式。不论是老年、少年还是青壮年人，他们都根据自己的体质安排爬山方式。彭教授说："周末只要没特别的安排，我就往山里跑。不一定要爬多高的山，关键是享受站在山顶的畅快感觉。感觉自己远离了喧嚣的城市，爬山给了我一个释放自我的出口。"一有闲暇时间，彭教授就会带上他的小侄女一起去领略济南的山川之美，要么爬山，要么就去护城河划船。他最喜欢骑自行车去爬山，有路的地方就骑过去，没路的地方就扛着车子爬过去。平均一周爬一次山，济南周围的山脉处处留下他攀爬的足迹，从一开始的气喘吁吁，走走歇歇，到现在轻松到顶，他更享受爬山的过程。绿树掩映，风吹鸟鸣，细水潺潺，他每次都在山上驻足流连忘返。有时候因为天气原因不能去爬山，他就会爬楼梯代替爬山锻炼，不过这也是他的无奈之举。他说，虽然爬楼梯与爬山锻炼效果类似，但是在体验上完全不能比。爬楼梯不能开阔视野，不能呼吸到自然清新的空气，无法享受其中。

认知感受

这么多年的爬山经验，使彭教授对爬山有深刻的认识。他说，在爬山的过程中，别总往高处看，尤其是爬山之初，因为你的双腿还没有习惯攀登动作，往上看往往使人产生一种疲惫感。一般说，向上攀登时，目光保留在自己前方三五米处最好。爬山时千万不要总是想着山有多高，爬上去还需多少时间之类的事情。不慌不忙，走走停停，才能体会到爬山的乐趣，不会错过美丽的风景。在疲惫时，可以多观赏一下周围的景色，也可唱唱歌，转移注意力，倦意会有所消减。下山时一定要控制住自己的脚步，切不可冲得太快，这样很容易受伤。同时，注意放松膝盖部位的肌肉，绷得太紧会对腿部关节产生较大的压力，使肌肉疲劳。

经常参加爬山锻炼，对关节、骨骼和肌肉都有良好作用。爬山可以使骨骼的血液循环得到改善，骨骼的物质代谢增强，使钙、磷在骨骼内的沉积增多，使骨骼的弹性、韧性增加，并有利于预防骨质疏松，延缓骨骼的衰老过程，还能提高骨髓的造血机能。彭实戈觉得爬山是种综合体验，不仅是身体上的，更是心理上的，是生活中其他运动无法替代的。爬山是对自己的征服，是在不断挑战自我。爬山最大的好处就是有益身体健康。爬山是能够得到全身锻炼的有氧运动，自己可以控制强度。在山里健身，收获的效果是在小区里走路的好几倍，最关键的是身心能够得到放松，收获好心情。将健身融入生活，彭教授喜欢"手把青秧插满田，低头便见水中天。六根清净方为道，后退原来是向前"这首诗中的人生境界。

第六章
极简热身与拉伸

我把锻炼作为减压的主要手段。感到紧张或有压力时，我喜欢在晚上去健身房。在漫长而又紧张的一天快结束时，锻炼总会给我独处的时间，让我思考什么更为重要。

——乔舒亚

第一节　运动前热身

运动需要身体多个部位进行协调配合，热身担负着激活身体各部位的重任。在正式开始运动或训练前，先通过较轻的运动量活动一下肌肉和关节，让身体为之后更激烈的运动做好准备。热身具有 3 个作用。

降低受伤风险。一般状态下的肌肉会比较紧绷，肌肉血流量状态不好，经过热身运动后，肌肉血流量增加，可以减少血管壁阻力，降低肌肉黏滞，增加肌肉收缩时的速度和力量；也能扩大关节的活动范围，让肌腱、韧带变得柔软，关节囊合理地松弛。另外，你要重点"激活"肌肉力量薄弱的部位，通过一些持续发力的动作，让原本不易调用到的肌肉被迫参与到热身运动中来。这些都能大大降低运动中的受伤概率。

提高运动表现。热身可以调动更多肌肉，改善肌肉协调能力，神经感受也会随着体温的升高而变得更加敏锐，让大脑更好地进行肢体控制。科学合理的热身可以提高肌肉力量、肌耐力、肌肉爆发力，也会扩大关节活动范围，让运动时的动作更敏捷、速度更快，从而提高运动表现和效果。不过有研究表明，运动时间越长，热身运动对运动表现的影响就越小。

缓解运动疲劳。热身可以改善身体代谢过程，血液流速和流量会随体温上升而增加，一方面激活能量供给器官，也就是心肺血脉；另一方面可以加速肌肉中的代谢物排出，延长有效运动时间，还可以让运动后不至于过快疲劳。

热身在传统上主要采用慢跑及身体动态拉伸。本书介绍跑类的 4 个动作、跳类的 4 个动作和蹲类的 3 个动作，提供给健身者选择使用。热身非常重要，特别是寒冷、雨雪天气，不充分热身的危险性很大。同时，我们建议热身阶段不使用坐、躺、爬等地面动作，因为笔者经常参与业余足球比赛，不愿在热身阶段就比对方低一头，会降低气势。

一、高抬腿跑

1. 动作要领

1）上体正直或稍前倾，两臂前后摆动；

2）大腿积极向前上，摆到水平，并稍稍带动同侧髋部向前，大小腿尽量折叠，脚跟接近臀部；

3）在抬腿的同时，另一腿的大腿积极下压，直腿、脚前掌着地，重心要提起，用踝关节缓冲（图6-1）。

图6-1 高抬腿跑

2. 主要作用

1）发展高抬大腿的能力；

2）发展上下肢协调配合的能力；

3）发展腰髋肌群的力量和腿部力量；

4）提高踝关节的力量及缓冲技巧；

5）低支撑的高抬腿跑，发展髋、踝关节的柔韧性及力量，是蹲踞式起跑的辅助练习。

3. 练习安排

原地高抬腿 10 次，衔接 20 米冲刺跑，做 2～3 次。

二、后踢腿跑

1. 动作要领

上体正直或稍前倾，两臂前后自然摆动；脚前掌着地，离地时脚前掌用力扒地，离地后小腿顺势向后踢并与大腿折叠，膝关节放松，脚跟接近臀部；脚前掌着地时膝要有一定高度，否则容易产生制动（图 6-2）。

2. 主要作用

1）体会扒地技术，提高神经兴奋；

2）体会膝、踝关节放松和大小腿折叠技术；

3）发展大腿后群肌肉力量。

3. 练习安排

松软场地，20 米范围连续动作，做 2～3 次。

图 6-2　后踢腿跑

三、小步跑

1. 动作要领

1）上体正直，肩放松，两臂前后自然摆动；

2）髋、膝、踝关节放松，迈步时膝向前摆出，髋稍有转动；

3）当摆腿的膝向前摆动的同时，另一腿的大腿积极下压，脚前掌扒地式着地，着地时膝关节伸直，脚跟提起，踝关节有弹性（图6-3）。

2. 主要作用

1）体会脚前掌着地；

2）体会踝关节放松和交替用力；

3）体会肩、臂放松及摆臂技术；

4）体会髋、膝、踝关节放松及摆腿技术；

5）发展速率。

3. 练习安排

原地小步跑10次，衔接20米冲刺跑，做2～3次。

图6-3　小步跑

四、侧向转髋跑

1. 动作要领

动作开始前，两臂侧平举，为的是动作开始后保持身体平衡，以右腿先动为例。动作开始后，右腿向左侧做交叉步，右脚落点在左脚的左前方，此时髋关节随右腿运行轨迹转动。然后左脚向左侧平移，成开立状，两脚尽量在一条水平线上。在完成这一动作后，右腿向左腿的左后方做交叉步，右脚落点在左腿的左后方，髋关节同样随右腿轨迹转动。然后左脚向左侧平移，成开立状。重复上面动作，即可完成一系列交叉跑动作，距离控制在20米左右（图6-4）。

2. 主要作用

训练协调性；体会踝关节放松和交替用力；腰部、手与脚的协调前进，同时注意摆髋。

3. 练习安排

松软场地，20米范围连续动作，做2~3次。

图6-4　侧向转髋跑

五、弓步跳

1. 动作要领

左脚向前一大步，脚尖微内扣，左腿屈膝半蹲，大腿略高于水平，膝不过脚尖；右腿挺膝伸直，脚尖内扣斜前方。双脚全脚着地，上体正对前方，两手在腰间，目视前方。蹬地摆臂然后向上跳起，双腿交换位置，以弓箭步姿落地。弓左腿为左弓步；弓右腿为右弓步。前腿弓，后腿绷，挺胸塌腰，沉髋合髋，两脚分别在一条纵线的两侧，两脚内侧横向相距约 10 厘米（图 6-5）。

2. 练习安排

松软场地连续动作，做 4～8 次。

图 6-5　弓步跳

六、开合跳

1. 动作要领

站姿跳跃。双脚往外张开约 1.5 个肩膀宽，双手往头顶方向击掌。注意手肘尽量伸直在头部两侧夹紧，可同时使身体往上延伸。再跳一次后双脚并拢，双手拍大腿两侧。注意身体仍要往头顶方向延伸，尽量不要驼背（图6-6）。

2. 练习安排

重复动作1～2次，共约30秒。

图6-6　开合跳

七、单腿跳跃

1. 动作要领

采用一个放松的站立姿势，单腿保持平衡。抬起另一条腿的膝盖。这是动作的起始位置。向前跳，跳起，越过和落地时使用同一条腿（图6-7）。

2. 练习安排

重复动作4～8个，2组。

图 6-7　单腿跳跃

八、连续蹲跳

1. 动作要领

双脚左右开立，脚尖平行，屈膝向下深蹲或半蹲，两臂自然后摆。然后两腿迅速蹬伸，使髋、膝、踝三个关节充分伸直，同时两臂迅速有力向前上摆动，最后用脚尖蹬离地面向上跳起，落地时用前脚掌着地屈膝缓冲，接着再跳起（图 6-8）。

2. 练习安排

重复动作 4~8 个，2 组。

图 6-8　连续蹲跳

九、箭步蹲走

1. 动作要领

前半程，起始姿势，双脚自然分开站立，然后左腿向后跨一大步。左脚的脚后跟不要落到地面上，重心应该落在右腿上，缓慢地弯曲两条腿的膝盖，身体笔直地下降，直到两条腿弯曲差不多 90° 的时候。确保前腿的膝盖在脚后跟的上方。后半程，前脚的脚后跟向下蹬，站起来回到站立姿势（图 6-9）。

2. 练习安排

反复 10～20 次。

图 6-9　箭步蹲走

十、徒手深蹲

1. 动作要领

练习者双手前平举，下蹲到底，然后快速站起。双臂向头上方高举，做伸展动作，要能感受到自己的腹肌有伸拉的感觉，后俯背下腰，双手摸两脚的脚面，顺势做蹲起动作。之后恢复原始站立状态（图 6-10）。

图 6-10　徒手深蹲

2. 练习安排

重复动作 8～10 个。

十一、相扑深蹲

1. 动作要领

双脚要与肩同宽，或略比肩宽窄点也行，并且要平行站立。双手要前平举，同时腰背收紧挺直。然后屈膝，臀部往后下蹲，感觉臀部后面有凳子坐上去一样。下蹲要大腿与地面平行或低于地面平行线。稍停一下，然后再快速还原至起始位置（图 6-11）。

2. 练习安排

重复动作 8～10 个。

图 6-11　相扑深蹲

十二、椭圆机运动

椭圆机（elliptical machine），又名太空漫步机，是健身房常见器材，由于声音小也较适合居家使用。椭圆机运动是模拟爬楼梯、走路和跑步的静态锻炼的一种器械。使用椭圆机依靠双脚和双手的蹬踩和推拉来带动它驱动阻力，属于全身参与的有氧运动。在阻力调至中档的情况下连续蹬上 10～20 分钟，就可以达到有氧运动的效果。由于在锻炼过程中脚一直保持在踏板上，没有跳跃的动作，能够有效避免下肢关节的超量运动负荷，降低受伤的风险。

1. 动作要点

挺胸（不要含胸），打开肩膀，收紧腹部核心和臀部，不要翘臀和弓背。上半身挺直，头往上顶，站高，臀部往后坐，重心向后移（重心不在身体正上方）。膝盖不能超过脚尖，脚掌紧贴着踏板，脚板踩稳，上身躯干挺直不晃动（图 6-12）。

2. 注意事项

踮脚尖、双脚呈外八字和内八字摆放、大角度屈腿发力都是错误动作。为了追求更高的阻力档位，很多人可能会弯着腿、猫着腰去踩椭圆机，时间久了还会伤害膝盖。

图 6-12　椭圆机运动

说唱测试是监控运动强度的一个方法。方法很简单，如果锻炼时不能说话，说明强度大了；如果在锻炼时还可以唱歌，说明可以加大强度；如果在锻炼时能够说话但不能唱歌，说明处于较为恰当的中等强度。

第二节　运动后拉伸

　　健身正式练习内容结束后，通过具有挑战性的牵拉动作来保持和稳固关节与肌肉的位置，强调的是静态。重点在于放松身体运动的部位，给它创造有利于自行恢复的环境。研究表明，保持 30～60 秒的静态牵拉将有助于提高身体组织的灵活性和身体部位的柔韧性。本节介绍 5 个运动后静态拉伸常用动作。

一、肩背部拉伸

1. 动作目标

　　拉伸肩背肌肉，是国家体育总局"科学健身 18 法"的第一个动作，名称是"懒猫弓背"。在有支撑物情况下，非常适合新手锻炼后拉伸背部。

2. 动作要点

　　腰背挺直，双腿与肩同宽。做这个动作时，你要感觉到整个背阔肌和大腿后侧明显被牵拉（图 6-13）。

图 6-13　肩背部拉伸

二、侧向拉伸

1. 动作步骤

伸展腰背部，不要震颤。

2. 动作要点

腰背挺直，双腿与肩同宽。做这个动作时，你要感觉到整个腰背肌肉明显被牵拉。这是国家体育总局"科学健身 18 法"的推荐动作（图 6-14）。

图 6-14 侧向拉伸

三、大腿后侧拉伸

1. 动作步骤

可以双腿伸直，也可以单腿伸直。单腿的要点是另一条腿位置呈"4"字。

2. 动作要点

感觉到大腿后侧肌群的强烈酸痛感，不能弯腰弓背（图 6-15）。

图 6-15　大腿后侧拉伸

四、肩背拉伸

1. 动作步骤

手臂前置后拉，使用另一只手将伸直的那条手臂尽可能拉直紧贴胸部，感到牵拉感时保持这个"奥特曼式"姿势。

2. 动作要点

双腿与肩同宽。做这个动作时拉伸三角肌后束（图 6-16）。

（a）奥特曼式

（b）颈后拉伸

图 6-16　肩背拉伸

五、站立式前屈

1. 动作步骤
拉伸大腿后侧和臀部肌肉。

2. 动作要点
腰背挺直，双腿与肩同宽。做这个动作时臀大肌、股二头肌明显被牵拉（图6-17）。

图6-17　站立式前屈

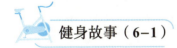 **健身故事（6-1）**

一个大学生坚持锻炼的收获

我断断续续坚持锻炼已经快5年。关于锻炼我收获了什么，我也不是很明了。有时候认为这东西真没用，首先我没有练就八块腹肌，其次没有窄腰宽肩和翘臀大胸，看起来似乎没有什么收获。不过我喜欢这种生活方式。我想说的是这种生活方式带给我的一些收获。

第一，良好的身体形态。高中毕业我胖了 20 斤。上大学后我在北京走到哪里吃到哪里，不知不觉又胖了，体脂比惨不忍睹，整个人就像是一个球。我开始锻炼大概是在大二的暑假。为什么开始锻炼呢？因为大二的暑假，为了打发时间，我利用打工之后的时间去健身房和学校操场锻炼身体，做做力量训练，跑跑步，再加上一个人吃饭，吃的东西相对素一点。这样打工、锻炼、睡觉的日子持续了一个暑假，明显的感受就是肚子上的肉下去了很多，不再是那样油腻腻的感觉了，看着镜子中的自己也舒服多了。开学后见到我的人都会说一句："你怎么瘦了这么多？"瘦了后我看起来精神多了。自从开始锻炼后，我走路挺胸抬头，再也没有之前那种萎靡的感觉，所以看起来人也高了一点，精神了许多。

第二，收获了志同道合的朋友。刚开始进入健身房的时候，盯着那些哑铃、杠铃我一脸无奈，根本不会用啊。幸好健身房的高手多，我又发挥自己探索的精神，一个劲地问，或者在旁边观看学习。后来我很幸运地遇到了一个私人教练，把身体从头到脚的训练动作一一教给我，给我制订训练计划，测量身体的各项指数。在他的监督下我规范健身动作，当然围着操场跑 20 圈这样的事，也只能在他的带领下像条狗一样坚持下来。跑步的时候我就盯着前面的身影胡思乱想，总是脑子不在跑步这件事上，到后来坚持下来也不是什么难事了。开学后我开始跟同学一起健身、跑步，那段时光过得相当快乐，健身的时候互相帮着对方，跑步的时候不断鼓励着彼此，自然我们的革命友谊更深了。

第三，忍受孤独的能力。锻炼是一件很私人的事情，有过健身的经验之后如果找不到志同道合的朋友，我宁愿自己去做这件事。毕竟一个不合格的队友也会拖累自己。还有我这个人也是那种人多了就不喜欢好好锻炼的人，总是趁着空隙玩一会儿，找不到那种能够控制住我的人，倒不如一个人健健身，跑跑步，戴着耳机听着歌，享受这片刻健身带给我的安静。

第四，良好的自制力。坚持锻炼让我养成了控制自己的能力，制订了计划以后努力去做完。就拿健身这件事来说，每周三到四次成了一种习惯，某一天不想去了，我也会尝试说服自己，告诉自己，"计划已经订下了，就要努力去实现，加油"，最后完成计划。

第五，良好的身体素质。原来的时候，每天爬到宿舍楼我都上气不接下气，大学体育测试分数惨不忍睹，偶尔还会得个感冒什么的。后来随着自己的不断锻炼，来回宿舍两趟都不觉得累，体测成绩一直是优秀，我好像很久都没有生病了。

第七章
极简有氧健身

如果你想强壮，跑步吧！如果你想健美，跑步吧！如果你想聪明，跑步吧！

——古希腊箴言

我们都知道，有氧运动锻炼心肺耐力的最佳方式是跑步，因为跑步动作简单易学、锻炼效率高、场地设备要求低。但跑步的不足之处是膝关节容易受伤，并且过程略显枯燥。对青少年而言，球类运动尤其是足球和篮球是最适合的有氧运动方式，因为球类运动具有一定竞争性，在培养青少年竞争意识、团队精神和拼搏精神的同时，不知不觉中还能提升了青少年的心肺耐力。对老年人而言，快步走、太极拳和游泳都是较为舒缓可控的有氧运动方式，对于中老年女性，广场舞是极佳的有氧锻炼方式（表7-1）。

天气晴朗的日子，在室外进行有氧健身是很好的体验。如遇雨雪天气，到健身中心进行有氧健身，建议使用跑步机和椭圆机，在椭圆机上锻炼对膝关节损伤较小，而在跑步机上锻炼，中老年为保护膝关节，建议采用快步走的方式。

表7-1　不同人群有氧健身推荐

青少年	中老年	女性健身者
球类运动	球类运动	广场舞
跑步	快步走	跑步
户外登山	跑步	羽毛球
游泳	游泳	排球
	太极拳	健身操
	广场舞	游泳

第一节　健身跑

一、为何健身跑

多数极简健身者都是乐此不疲的跑者，有人甚至撰写了《爱上跑步的 100 个理由》一书。跑步技术简单，装备、场地要求低，容易调节运动负荷，属于个人项目，对健身伙伴没有必然要求，因此跑步是最直接有效、最理想的有氧锻炼项目。有人说跑步过于枯燥，但很多痴迷马拉松运动的跑者可能并不同意。人们可以通过听音乐、到户外、找伙伴、换装备等方式增加跑步健身的体验。跑步在生理方面的益处如下。

眼睛：坚持长跑的人每天都有 1 小时左右的时间眼睛直视远方，这对眼睛是很好的放松休息。如果你家里有学龄的孩子，能让他每天坚持跑步，眼睛近视的概率肯定会降低。

颈部、肩部、脊椎：经常坐在电脑前的人或多或少都会有一些颈椎、肩部的问题，正确的跑步姿势要求背部挺直放松，长期坚持会对颈椎及肩部的不适有很大改善。

心脏：坚持跑步会让你有强大的心血管系统功能。在提高最大摄氧量的同时向身体各个器官输送的氧量大大增加，各个器官的工作质量自然大大提高。另外中长跑会加速血液循环，使冠状动脉有足够的血液供给心肌，从而预防各种心脏病。通过下肢的运动，加速静脉血流回心脏，还预防静脉内血栓形成。

血液：有了强大的心血管系统，跑者的血液质量也高于常人，身体对长期中长跑发生的适应性改变可改善新陈代谢，降低血脂和胆固醇水平。

肺部及呼吸系统：长期进行中长跑使肺功能变强，增大肺活量——进行规律的长期长跑促进发展肺部呼吸肌，使每次换气量变大，肺功能增强。

肝脏：促进健康的肝脏，表面血管脉络纹理清晰。跑步消除脂肪肝，这在很多跑者身上都有了验证，非常有效。

腹部：平坦或者腹肌明显的腹部是很多人的梦想，很多健身教练的建议及网络疯传的腹肌撕裂者等练习能够帮你把腹肌练得更强大，但你还需要跑步这样的有氧运动去掉腹肌外面厚厚的脂肪。当然，之后还要坚持，因为腹部的脂肪是最狡猾的，你稍有松懈它就会反扑。

腰部、臀部：跑步对身材的改变最先体现在这个位置，很多跑者都有过这样的体验，开始跑一段时间后，体重没有明显减轻，但是身材明显改善了，尤其是腰线与臀线变得更漂亮。

膝盖：有人说跑步百利但伤膝，这话是有一定道理的。大多数坚持跑步的人都或多或少受到过膝伤的困扰，但笔者同多位坚持跑步10年以上的跑者交流了解到，他们刚开始跑步时也会遇到同样的问题，有的人即使快走也会膝盖疼，随着循序渐进慢跑量的累积和力量的练习，膝盖都变得越来越结实。

图 7-1　校园跑步比赛

肌肉：除了看上去结实有弹性外，经常跑步的人肌肉组织也会发生变化，一定体积的肌肉中毛细血管的分布数量大大增加，能够更高效地吸收氧气、养分。长期中长跑可增强肺部呼吸肌、心脏肌肉、颈部肌肉、胸腔肌肉、手臂肌肉及腰部、臀部、大腿、小腿、足部等处的肌肉，使各处肌肉不易堆积乳酸或二氧化碳等代谢物。跑步可以说是所有运动的基础，会对你参加其他体育运动产生积极的影响。

肠胃：中长跑使人情绪饱满乐观，有助于增进食欲，加强消化功能，促进营养吸收。当然，更让人羡慕的是怎么吃也不胖。

骨骼：长期中长跑可提高各关节的强度、韧带的柔软度，并增加骨骼的强度、密度，避免人到老年患退化性骨质疏松。看看每个马拉松赛事中的耄耋老人，就知道长跑者的骨骼有多健壮了。

二、动作原理

正确的跑步动作或长距离跑步可以给你带来很大的帮助。当我们在走路时，我们很自然地向前移动我们的手臂，我们并没有把手臂抬得很高，同时我们弯曲我们的脚，使其自然落地。

当你进入跑步阶段时，调整呼吸帮助加速。跑步要想取得更好的锻炼效果，总少不了加速跑的过程。加速跑时，人们往往会感到比较吃力，有些人甚至咬牙让大腿使劲，这个方法是不对的。当跑步时，我们都是先从走路开始慢慢地把速度提上去，这时脚步应该配合着呼吸慢慢地加速。加速跑时，要进行深呼吸，将呼吸时间拉长，同时将步伐频率调快，调整为三步一吸，三步一呼，通过改变频率，把速度提上去。此外，身体素质不好的人加速跑时，应先从小碎步开始。跑步加速也是人体这台机器的程序化操作，不是盲目地咬牙蛮干的，通过调节呼吸，能使跑步的时间更持久，锻炼效果更明显。

加深呼吸缓解疲劳。跑到10～20分钟时，很多人会出现跑不动的情况，感到胸闷气喘，腿脚无力，非常想停下来，这是出现了极点，但如果就此停步，就得不到好的锻炼效果。其实，极点的出现主要是因为人体从静止过渡到高速运动需要一个适应过程，这一过程也是身体的呼吸系统、运动系统之间的相互调整的过程。主动地调整呼吸可以帮助人们快速度过身体极限，然后坚持下去，继续运动。出现极点时，应该减慢速度，加深呼吸，帮助氧气与二氧化碳在肺泡中充分进行交换，增大交换面积，待不适感减轻时，再加快呼吸频率，同时加速。运动大约半小时至40分钟后，人体可能会出现第二极点。对于运动员来说，这时需要调整运动强度和呼吸频率；对于普通人，建议此时停止运动，稍事休息。

口鼻同时呼吸。人们刚刚开始跑步时，速度较慢，处于热身阶段。此时，身体对氧气的需求量不大，用鼻子呼吸就可以应付。随着跑步距离越来越长，速度越来越快，身体对氧气的需求会大大增加，此时，光用鼻子呼吸已经不能满足氧气供给的需要。如果光用鼻子呼吸，还容易引起呼吸疲劳。所以，就需要嘴与鼻子协同配合，以此来增加氧气的供应，并缓解呼吸肌的紧张感。在冬天，如何用嘴呼吸还有讲究。一般来说，应该让嘴微张，舌尖顶住上腭，让冷空气从舌尖两旁绕路吸入口腔，从而对冷空气有个加温的过程，避免直接吸入气管，引发咳嗽、不适。呼气时，舌尖从上腭松开，让热空气顺利从口腔中吐出。夏天无一必要，但在马路或其他空气质量不好的地方跑步时，也可使用这一技巧。

三、习练方法

以心率监测运动强度，中等强度运动，30 分钟以上。

四、可选练习

跑步机锻炼（图 7-2）。使用跑步机锻炼是户外跑步的替代，路跑景色优美，但是要面临路面不平、路面太硬、雨雪雾霾天气、躲避各种突发危险的情况。而在跑步机上面就不需要考虑这么多，虽然会比较枯燥乏味，但是室内环境会更安全一些，不会有太多的危险因素存在。同时，跑步机上可以放电视，也可以自己带平板电脑看电影，长时间跑步反倒不枯燥了。建议跑步机锻炼时间为 20～30 分钟，然后在健身房使用器械进行抗阻训练。

图 7-2　跑步机有氧健身

怎样爱上跑步

1）与朋友约跑。朋友相互关照和激励，分享健身目标和经验，改进健身体验，更容易坚持不放弃。

2）运动氛围的环境。清晨安静的校园、傍晚阳光灿烂的操场和夜里灯光下的田径场。

3）选择去户外跑。看到蓝天白云、阡陌纵横，听到雏鸟鸣叫，闻到青草花香，养眼益肺。

4）阅读跑步故事。不再是浮华迷茫，不再是旖旎感伤，不再羚羊挂角无迹可寻。

5）买亮丽的装备。配备正确的跑步装备，一双合适的跑鞋是必备。装备好，心情好。

6）听喜欢的音乐。跑步过程漫长而枯燥，动作比较单一，节奏感较强的音乐让人瞬间进入状态。

7）每次不要过量。跑步过量带来的伤害主要在膝关节、身体精神和饮食消化方面。

8）分享跑步日志。保存重要时刻，记录饮食反应，方便日后查阅。

第二节 健步走

一、为何健步走

健步走是一种较为舒缓的健身方式，简便易行，不容易出现损伤，适合各种人群。健步走地点随意，不需特殊场地。其对环境设施的要求低于跑步，可以在平地，也可以在山地；可以在塑胶场地，也可以在碎石场地。健步走在增加负荷强度方面比跑步方便，因此更适合女性、老年人、肥胖者等需要降低锻炼强度的人。因为对地面条件要求不高，健步走锻炼的时间更为灵活、空间更为丰富、伙伴水平要求不高，使得健身者的锻炼体验更为丰富，这是健步走的优势之一。

健步走是简单有效的健身方法。健步走时，骨骼、肌肉、韧带、神经末梢都要参加运动，从而促进血液循环，调节大脑皮层的活动功能，促使身体多种激素分泌，使人心情愉悦。走路防病并延缓衰老。最新的医学研究表明，一周健步走 7 小时以上，可以降低 20%乳腺癌、30%心脏病和 50%糖尿病的罹患率；而中老年人每天散步 2.4 千米以上，心脏病发作率将降低 50%。走路的减肥效果明显。总体上讲，人在 25～55 岁期间平均每年会增加 0.45 公斤的体重。为此，美国杜克大学组织了 120 名超重者进行 8 个月的试验。志愿者被要求不能节食，只是进行不同程度的体育锻炼。结果，那些不锻炼的人平均体重增加了 1.125 公斤，坚持散步的人体重均未上升。

二、动作原理

健步走是在自然行走的基础上，躯干伸直，收腹、挺胸、抬头，随走步速度的加快而肘关节自然弯曲，以肩关节为轴，自然前后摆臂，同时腿朝前迈，脚跟先着地，过渡到前脚掌，然后推离地面。

三、习练方法

放松走路程约不少于 2 千米；散步频率较低，为 50～70 步/分；步态放松；每周 3～5 次。快步走路程 3～5 千米；步频较快，约 150 步/分；步态平衡向前；每周 3～4 次。健身教练林婷仪推荐，每小时 4.8 千米以下，适合初学者；每小时 4.8～8.5 千米，适合普通喜好健步走者。

四、可选练习

椭圆机是雨雪雾霾天气替代户外健步走的可行选择（图 7-3）。椭圆机锻炼腿部运动的轨迹是椭圆的，运动时比较缓和，不增加难度时感觉就好像是在走路，能够避免因运动产生的冲击力对膝关节造成损伤，对膝关节的损伤较低，运动安全系数比较高，所以适用的人群是比较广泛的，特别是那些体重严重超标的人士及老年人。椭圆机锻炼也是一项全身运动，能够有效地结合手臂及腿部来做锻炼，可以很好地训练上下肢的协调性，有助于增强肌体的耐力，并且可以针对腰腹部、臀部和腿部做运动锻炼，实现体型塑造、减肥塑身、身材健美等锻炼效果。

建议椭圆机锻炼时间为 20～30 分钟，因为通常有椭圆机的地方就会有一些抗阻训练器械，如果能够方便使用这些器械的话，简单有氧锻炼后练习负重深蹲、坐姿下拉、坐姿划船是不错的选择。

图 7-3 椭圆机有氧运动

第三节 球类运动健身

一、为何球类锻炼

球类运动与跑步等个人锻炼项目比较，具有 3 个优势。首先，球类运动具有很好的有氧锻炼效果。通常跑步 20 分钟都会感觉时间很长，但打球的时候 1 小时都不会感觉时间长，这样，健身者就在更长的时间里享受有氧运动带来的益处。其次，球类运动有利于减压和心情愉悦。球类运动充满乐趣，锻炼氛围良好，这些是不争的事实。球类运动带来的投入感和沉浸感是无与伦比的，作为长期的足球和乒乓球爱好者，笔者深深认同这一点。区别于其他有氧锻炼方式，身体不需要过多思想动员。球类运动的比赛一旦开始，整个人都会全力以赴，不知不觉中就会时间飞逝、大汗淋漓（图7-4）。除了球场上的事情，你会忘记工作、生活中的一切，对神经、精神也是一个很好的滋养。最后，球类运动有利于社会交往方面的发展。如果你问身边青少年为何参与球类运动，他们十有八九会回答"好玩"，在输球或赢球过程中交朋友。

此外，球类运动与跑步等个人锻炼项目比较，具有3个明显劣势。首先，球类运动难组织。球类运动对运动伙伴、场地设施、天气温度等依赖度过高。这些参与条件哪怕一个方面出现问题，都会给锻炼带来障碍，比如约定的对手有事没来、球场看门大爷有事不在、场地晚上灯光坏了，等等。其次，球类运动对健身者心理影响的起伏大。赢球当然开心，但输球的时候就会不开心，特别是队友配合不好的时候，往往很郁闷。这种心理起伏大的特点，可能让有些健身者无法接受。最后，球类运动产生伤病风险大，尤其是足球和篮球，球员在场地上直接身体对抗的情况较多，受伤概率大增。

图7-4 业余中老年足球比赛

概括而言，那些有条件参与球类运动的成年人是幸福的，但是如果条件不完全具备，就需要考虑参加其他运动，比如参与跑步等基本的有氧锻炼，同时还要结合每周2次的力量练习。

二、动作原理

从锻炼生理效果而言，球类运动的效率都不是很高，毕竟业余水平的参与对抗不会太激烈。笔者曾经以心率表实测跑步和踢足球（前锋位置）的运动强度，踢足球时心率在 160 次以上的时刻很少，而以主观感觉的中等速度跑步，心率已经达到 160 次以上。就是说，为了达到同样的有氧锻炼效果，球类运动较跑步需要的时间更长。

为此，我们建议参与足球、篮球等大球类项目的爱好者，为提高有氧锻炼效果，首先尽量选择跑动位置多的角色，比如足球的中场位置和篮球的组织后卫；其次，积极参与防守，业余玩球进攻机会少，防守机会多，所以主动防守会增加跑动距离。对小球类项目，我们的建议有两个，一是平时练习多打回合球，将球送到对方能够打回的位置，否则捡球时间过多，没有运动量，也没有乐趣；二是比赛之中多打回合球，这样无论输赢都能够增加运动量，使比赛更加精彩，同时增进运动体验。

三、习练方法

普通爱好者参与时间为 1 小时左右，如果达到 90 分钟则时间过长，超过 2 小时形成身体疲劳，运动质量降低，容易受伤。尽管主要目标是锻炼和娱乐，但为了获得更好的运动体验，爱好者需要具备配合意识和不断磨炼传球等基本技术。顽强拼搏和团队精神是球类运动的乐趣之源，无论是新手还是高手，都不要忘记团结队友，尊重对手。

第四节　铃市的"有意锻炼"健身方法

铃木是一名脑神经科学家，在其撰写的《锻炼塑造大脑》一书中，提到"有意锻炼"的健身方法。铃木曾经学习过一种身心有氧健身操（intensati），在课上，莫雷诺教练展示了一些简单但充满活力的动作，这些动作来源于拳击、跆拳道、舞蹈、瑜伽和武术等运动项目，比如交替着左右出拳。一旦学员能完成这个动作时，教练就会让学员边做动作边喊出一些自我肯定的话，比如一边打拳，一边大声说"现在我很强壮"，或者大喊"我现在充满激情"。莫雷诺教练创设的 intensati 的独特之处在于，它将积极的口头肯定语和有氧锻炼结合起来。肯定语不仅提高了人在锻炼时的心肺水平，而且在锻炼中添加了有意的成分。

铃木认为，intensati 锻炼汇聚起了提升情绪的力量。第一，有氧运动能改善抑郁症患者和非抑郁症患者的情绪。第二，提升情绪的力量还来自 intensati 中大声说出的自我肯定语。大量心理学实验显示，自我肯定的话语，比如我们在上课时大声喊出的话，有助于缓冲各种应激源，包括上课时来自同伴的压力、与消极反馈相关的思维反刍，以及与社会评价有关的压力。一项最新的研究报告称，积极的自我肯定语能够显著改善、提高自尊者的情绪。虽然我们还不清楚与自我肯定语相关的大脑及神经化学物质的改变，但行为证据明确地显示，积极的自我肯定语能够改善情绪。

铃木意识到，通过将积极的意图和自我肯定语带入健身课，在锻炼时将注意力聚焦于它们，可以让任何锻炼都变成"有意"的。健身者需要做的是，在你最喜欢的锻炼中增添有力量的、令人振奋的或有趣的肯定语。铃木建议：下次在上伦巴舞课时，你就可以带着诸如"我是性感的"或"我很优雅"这样的积极肯定语；在上有氧运动课、举重训练课或下一次跑步时，你可以选择像"我很强壮"或"我充满力量"这样的积极语言。为你最喜欢的运动添加你自己的肯定语，将会使你感受到自己在 intensati 课上感受到的那种效果。它将形成同样的肯定语与锻炼的正反馈循环，给你带来好情绪、更高涨的积极性、更高水平的锻炼效果。

健身故事（7-1）

人文学者薛涌健身故事

运动史

薛涌，旅美学者。1983 年在北大本科毕业后，他先后就职于《北京晚报》、中国社会科学院政治学所。2004 年他就任于波士顿萨福克大学历史系助理教授，担任该系副教授。2013年他创办薛涌留美预科。

2002年，薛涌开始重返中文媒体，先后为《信报》《联合早报》《南方周末》《21世纪经济报道》《南方都市报》《新京报》《新闻周刊》等报刊撰文。同时他也在《纽约时报》、美国公共广播电台等英文媒体发布文章和评论。他曾被《南方人物》评为"影响中国的五十公共知识分子"之一。其著述包括《直话直说的政治》《右翼帝国的生成》《美国是如何培养精英的》《谁的大学》《炫耀的足球》《中国文化的边界》《中国不能永远为世界打工》《一岁就上常青藤》《培养精英》《美国大学原来是这样的》《天才是训练出来的》《仇富》《坏民主》《精英的阶梯：美国教育考察》《王者归来——雅利安星球记事》《北大批判——中国高等教育有病》《直话直说的政治——薛涌美国政治笔记》《美国算什么》《草根才是主流》《怎样做大国》《薛涌看中国》《参与孩子的成长》等。

薛涌在美国求学、任教近20年，对美国社会和教育有着长期、细致的观察，一直是"通识教育"的倡导者。他特别强调精神和身体的全面发展，除了研究、教学、写作外，一直投身于严格的体育训练。在新英格兰第二大城市伍斯特的半程马拉松中，他曾两获本年龄组冠军。50岁时，他的半程马拉松成绩突破一个半小时大关。他不仅倡导体育的健康价值，更强调体育的精神价值和教育价值，把"培养完整的人"作为自己的教育使命。

薛涌曾在文章中说，自己从小体弱多病，直到上中学时，体育课不管干什么都是全班男生倒数第一，乃至被一些同伴嘲笑说他应该和女生去上体育课。为了挣回点面子，他开始练长跑，居然在班里算跑得快的。后来，薛涌成为执着的马拉松爱好者。2012年，薛涌在紧锣密鼓地准备平生第一次马拉松比赛。一次训练他以98分钟跑完22.5千米，感觉不错。但几天后，他发现大腿内侧一块肌肉拉伤。"这本是很小的伤，乃至我都分不清究竟那是酸还是痛，估计停止训练一两个月就会好的。但是，因为马拉松比赛临近，我急不可待地想早点恢复训练。"

破三梦想

薛涌参加马拉松比赛，一个长期理想就是突破3小时大关。当时他三十六七岁，万米成绩38分钟，而且一直是越长距离成绩越好。训练时跑半程马拉松，也还算轻松。薛涌研究了许多有关数据和换算成绩的公式。按他当时的实力，突破3小时大关应该是很现实的。可惜，由于训练过度，腿伤了，他也就放弃了。当时他年过45岁，刚刚重新开始训练，一直还担心旧伤复发，万米竭尽全力，也刚刚能突破40分钟，颇有廉颇老矣的感觉。由此他也知道，马拉松看起来容易，跑起来难。哪怕各种理论和预测的换算公式证明他有实力达到某种程度，最后往往还是达不到。"环法冠军在4位马拉松冠军护驾之下也不过如此，我这个业余的书生也不必太沮丧了。不过，活了一世，无法在3小时内跑完马拉松，也是人生遗憾，我可没那么容易死了这条心。"

2016年10月16日，离55岁生日正好2周，薛涌站在第25届湾州马拉松的起跑线上。结果成绩3小时09分41秒。"这还是我最后1000米时发现自己可能跑到3小时10分以外，于是才以'洪荒之力'拼出来的。"最后他在50～59岁年龄组拿了第4名，和第3名的50美元奖金交臂而过。薛涌回顾比赛过程，对破三不死心。"起跑太快，第一英里（1600米）就是6分20秒。第一个10公里跑了41分多一点，并用了1小时28分多跑完前一个半马，似乎很准点。但后面就越来越艰难。到了35公里以后，身体全线崩溃。最后5公里，组委会派出的为3小时5分领跑的人超过了我。我是要破三的，根本不屑于跟在他后面。此时见他也来'欺负'我，我心里急了，观众也冲我大呼：'盯住他！'可惜，我大概跟了1000米，才知道无能为力，能完成就算不错了。早知如此，跟着他跑没准3小时05分能完成。想想看，在最后5公里内，我比3小时5分这个自己看不起的速度慢了快5分钟"。

健身经验与意义

薛涌认为马拉松运动带来很大的人生启发。在薛涌看来，跑马拉松也好，留美也好，或者应付人生的各种其他挑战也好，其实并没有太难的事情，只有你准备不足的事情。你的失败，都和自己的准备有关。失败的价值，就是教给你怎么准备。对于自己没有面对的挑战，要慎重准备，宁愿把困难想得过多，也不要想得过少。所有失败，都是准备不足的结果，并非马拉松怎么难，失败给人们提供的知识特别多。"另外，也不要期待什么奇迹。世界上没有奇迹。这次我的失败，也在于相信了奇迹。"薛涌从马拉松领悟到留学的经验，他说，"留美对于中国学生来说，比起马拉松对我来说，是个更未知的挑战。我不是说你不行，我是说你还没有必要的准备。如果没有准备的话，那么就准备好了再走"。

薛涌看重体育的健康价值之外，更重视体育的教育价值。他认为中国人应该重视体育教育，因为，从小不愿被考验的一代，长大后就经不住考验。薛涌通过各种体育锻炼，培育自己女儿完整人格的案例，具有很大的教育和启发意义。薛涌对体育运动体验深刻，并且眼光敏锐，及时总结成文，留下了很多讨论体育锻炼的精彩文章。

第八章
极简力量健身

健身就像吃饭一样重要。以前锻炼只是一个不自觉的行为，是自己喜欢。因为锻炼后有充沛的精力，我慢慢体会到这样的好处，就慢慢变成了自觉锻炼，从不自觉到自觉。再忙，时间再紧张，也要挤出时间来锻炼身体，不管场地如何。

——钟南山

力量训练对普通健身人群意义重大，但中国居民坚持规律力量训练的人数不足十分之一，是一个值得引起重视的问题。这固然受到力量训练条件的限制，但也可能与居民的力量训练知识不足或误解有关，比如有人认为力量训练一定要到健身房才行。我们为极简健身者精选了 6 种力量训练动作，都是效果公认的经典动作，并且适合不同人群和不同环境。这里有 3 个原则提醒初学者。第一，普通人如果每周只有 2 次力量训练，建议每次都包括深蹲训练动作，无论是徒手深蹲还是负重深蹲。第二，条件允许情况下，优先使用抗阻器械训练，比如有条件做负重深蹲就不要做徒手深蹲，因为负荷量是训练中刺激身体的关键变量。第三，尽快成组练习。

普通健身者如何制定适合自己的力量训练方案？下面介绍明确力量训练思路的 4 个步骤。通过学习以下 4 个步骤，健身者能够制定适合自身条件的力量训练方案。

1. 选择动作

尽管普通人每周的力量健身时间可能只有 2 次，但从健康考虑，应尽可能锻炼到全身肌群。因此，健身者应采用多关节复合动作进行训练，而不是采用单关节分化动作。多关节复合动作，如深蹲、双杠臂屈伸、推举等，由于更多肌肉参与，所以能够承担更大的运动负荷，对身体的刺激更深，效果也就更好（表 8-1），而单关节分化动作，比如哑铃弯举等，仅能锻炼肱二头肌，承担的负荷强度较小，所以锻炼的性价比很低。除非是对某块肌肉有偏好，否则不建议采用单关节分化动作。

健身者有必要像选择股票一样精心选择复合动作。力量训练的成功不在于动作的多少，反倒是动作越多越杂，越可能埋下失败的种子。就此而言，我非常认同瑞比托所言，"力量型运动员的训练都是围绕着6～7个基础杠铃动作，他们所操纵的变量是训练容量、强度和休息时间。动作种类的多样并不是一个变量，因为并没有多少个动作可以实际被训练。成功的训练者选择那些可以被训练的动作，然后逐渐在上面增加重量"。与瑞比托意见不同的是，我认为普通人从可及性考虑，练习引体向上、双杠臂屈伸等以自重为主的复合动作也是明智的。

表8-1　不同流派基本力量训练动作

奥林匹克举重	力量举	瑞比托力量训练	囚徒健身
深蹲	深蹲	深蹲	俯卧撑
抓举	硬拉	推举	深蹲
挺举	卧推	硬拉	引体向上
推举		卧推	悬垂举腿
高翻		力量翻	铁板桥
双杠臂屈伸		引体向上	倒立撑

2. 三分化训练

所谓三分化训练，就是将全身肌群按照胸、背、腿分开进行力量训练。健身新人每周2次训练的话，不必每次都练到全身肌群。建议第一次练习是腿+胸，第二次训练是腿+背，轮换进行。如果每周锻炼次数多于2次，一样也是按照一次腿+胸和一次腿+背的节奏轮换进行。普通健身者一次训练对每个身体部位选择1或2个动作进行训练即可。如一次训练腿部可以采用杠铃深蹲1个动作，也可以采用杠铃深蹲和腿举2个动作。每次训练的部位和动作，都可以根据身体恢复程度有主次之分（表8-2）。

表8-2　三分化训练方法

主要锻炼部位	发力方式	经典动作
胸	推	双杠臂屈伸、俯卧撑、平板卧推
背	拉	硬拉、引体向上、杠铃划船、高位下拉
腿	蹲	杠铃深蹲、坐姿腿屈伸、腿举

3. 成组练习

尽快进入成组练习是力量训练的重要理念。成组练习是增大训练量的重要方法，一旦健身者能够进入成组练习，就容易找到训练的感觉，并且能够通过数字记录和监督训练。这里阐明4个问题。① 动作组数。大量研究表明，安排一个动作进行3～5组训练，效果好于不分组训练；尚未有研究证明只进行一组训练的收益大于多组训练。因此，我们建议将一个动作分为3～5组进行训练，比如每次负重深蹲训练安排4组。② 每组练习次数。对不同力量训练运动员的安排每组练习次数也不同：偏向增加力量的训练风格，比如举重运动员，每组次数较少，通常3次左右；而偏向增加肌肉的训练风格，比如健美运动员，每组次数较多，通常8～12次（表8-3）。其中，举重运动员的每组练习次数还和负重相关，负重越大，次数越少；负重越小，次数越多。我们对普通健身者每组练习次数的建议是5～12次，老年人的每组练习次数还可以增加，同时较少负重。③ 热身组和正式组。刚才谈的动作组数是指的正式组，也就是每次的训练重点，但是运动员或健身者在进入正式组之前需要热身，如表8-3所示，他们都需要多组多次的热身。我们对普通健身者的建议是热身组必不可少，既可以复习熟练动作，又可以让身体逐渐适应更大的负荷重量。换言之，没有完成正式组就没有胜利完成一次训练，没有完成热身组就是将自己置于受伤的风险之中。④ 每组间歇。每组练习之间应合理安排间歇时间。通常按照负荷强度越大，间歇时间越长的原则。我们对普通健身者的建议是组间间歇1～5分钟，多数情况下2分钟较为恰当。

表8-3　不同项目运动员深蹲训练分组方法

	举重运动员	力量举运动员	健美运动员
热身组	50%1RM×5～6次×2组 70%1RM×4～5次×1组 80%1RM×3～4次×1组 90%1RM×2～3次×1组	30%1RM×5次×2组 50%1RM×5次×1组 65%1RM×5次×1组 80%1RM×5次×1组	30%1RM×8次×2组 50%1RM×8次×1组 60%1RM×8次×1组
正式组	100%1RM×1或105%1RM×1次； 75%～85%1RM×3～6次×6组	87%1RM×5次×3组	8～12次×5组 （67%～80%1RM）
总量	总组数12组，总次数45～50次，约30～35分钟	总组数8组，总次数40次，约25分钟	总组数9组，总次数80次，约40分钟
频率	每周2次	每周3次	每周2次

4. 场地、器材

普通人力量训练受到场地、器材的限制明显，而专业运动员力量训练基本不必担心场地、器材不足。这就要求普通人的力量训练具备更大的灵活性，既可以在步道、广场无器械环境利用自重进行力量训练，又可以在居民社区有单双杠的简易器械条件下进行训练，还可以在健身俱乐部较多固定器械的条件下进行力量训练。我们对普通健身者的建议是根据自身时间和资金投入条件，选择匹配的力量训练动作进行锻炼。假如你是一名学生，比较方便的方案是充分利用田径场的单双杠等器材，刻意训练引体向上和双杠臂屈伸两个动作，然后争取每周到学校训练队的场地做一次负重深蹲训练。

什么是超量恢复？

超量恢复指的是，运动员或者普通人在经过一次训练过后，其体能水平会逐渐下降，然后经过饮食和睡眠的恢复，体能水平逐渐上升，乃至超过原先体能水平的情况。超量恢复是运动学的基础理论，它更多关注的是应激学说中的动员期和适应期。教练需要对运动员施加一个合理的训练压力，才能够一直让运动员保持在适应期，让运动员的体能水平持续上升。以健身中的力量训练举例：

（1）动员期（体能下降）：当我们第一次走进健身房进行力量训练的时候，我们的身体感觉到了和以往不同的压力，训练时，我们的肌肉开始充血，疲劳，有撕裂感，神经系统开始募集更多的肌肉纤维参与发力；训练后第二天，我们的肌肉有极为强烈的酸痛感，手臂酸得搬不了重物，腿酸得难以上楼，神经系统对肌肉纤维的募集能力也有所下降。这个阶段，就属于应激学说中的动员期：此时适应还未获得，我们的能力下降。

（2）适应期（超量恢复）：过了几天，当我们的酸痛完全停止，我们再走进健身房进行力量训练时发现，我们居然可以卧推/深蹲/硬拉起比上一次更大的重量了，训练后我们的身体也没有之前那一次那么酸痛了。这个阶段，就是属于应激学说中的适应期：此时适应达到最佳状态，机体能力逐渐上升。这个状态，就是超量恢复。

（3）衰竭期（体能回归）：而后，我们因为某种原因停止了训练。这时候我们的肌肉就会萎缩，神经系统对肌肉纤维的募集能力也开始下降，之前训练获得的适应逐渐丧失，我们的身体重新回归到原先的状态。这就是应激学说中的衰竭期。

第一节　俯卧撑

一、为何俯卧撑

俯卧撑（push-up）是自身体重练习的经典动作，能够有效增强上身肌肉力量（图 8-1）。俯卧撑是复合动作，在日常锻炼和体育课上，特别是在军事体能训练中是一项基本训练。俯卧撑主要锻炼上肢、腰部及腹部的肌肉，尤其是胸肌，是简单易行却十分有效的力量训练手段。尽管多数人从小到大在体育课上有被奖赏或惩罚做俯卧撑的经历，但能够深刻认识俯卧撑的锻炼价值，并对俯卧撑动

图 8-1　俯卧撑是增强上身肌肉力量的经典动作

作要领了如指掌的人并不多。极简健身者熟练运用俯卧撑动作，就拥有了锻炼上身肌肉群的一大法宝。

增强上身肌肉力量的经典复合动作有 3 个：俯卧撑、双杠臂屈伸和杠铃卧推，其中俯卧撑不需要任何器械，是随时随地练习的首选。俯卧撑动作简单自然，习练难度低，受伤概率低。俯卧撑动作最大的优势是便利，最大的缺陷是配重困难，尽管调整手脚高度可以改变运动负荷，但不能像杠铃卧推一样便利地增加杠铃片。值得指出的是，平板卧推动作除了对场地、器材的硬性要求之外，是一个容易损伤肩袖、肘关节和腕关节的动作，所以不推荐给健身新手。

二、动作原理

1. 目标肌群

胸大肌、胸小肌、肱三头肌、三角肌前束，背阔肌、腹肌、腰部肌肉等得到静力锻炼。

2. 动作步骤

准备动作：手在肩膀的正下方，全掌接触地面，自然撑地，掌跟间距与肩同宽。手指略外展，呈外八字，手指发力以减轻手腕的负担。保持肩部打开，下沉且稳定，上臂和身体躯干呈 45° 左右。身体笔直，躯干、髋部和双腿始终成一条直线。双膝并拢，双脚自然分开。脚蹬起支撑下半身，收紧核心。下放过程：下放时吸气，全程保持核心收紧，头微微向上，保证颈部自然中立，手肘向斜后 45° 左右的方向打开。

推起过程：向上推起时呼气，手臂向前臂外侧旋转发力，夹起胸部，慢慢推回起始位置。手臂在推起过程中向内夹起发力，不要只是伸直手臂。动作最高点时双臂要伸直，但不要让肘部完全锁定，而是微弯，以免关节不舒服（图 8-2）。

图 8-2 俯卧撑是推起自身重量的动作

3. 技术要领

身体笔直，核心适度紧张；手在肩膀的正下方，上臂和身体躯干呈 45°；以平缓的速度练习，尤其下放不能过快。

4. 易犯错误

塌腰或拱腰：塌腰或者拱腰是最常见的俯卧撑问题姿势，长此以往腰椎会出现问题。试着夹紧臀部，保持核心收紧，可以防止塌腰和拱腰。注意在俯卧撑过程中保持胯部和腿部紧张，有利于防止背部下端下坠或者拱起。身体放低时，胸部先着地，而不是自己的胯部，保持自己的肩部和臀部在一条线上。手臂和手的位置错误：手的位置太靠前，而胳膊又外展太多，这样的姿势会给我们的肩部造成非常大的压力，形成习惯后可能会造成肩伤。注意：手在肩膀正下方，上臂和身体大概是45°的夹角。呼吸错误：很多健身新手在力量训练时，经常出现呼吸不对的问题。其实如果呼吸不正常是很难感受好肌肉发力的感觉的。俯卧撑的呼吸方式是，下落时吸气，推起时呼气。动作不完整，速度过快。颈部过分紧张：如果在做俯卧撑时感觉颈部疲劳甚至是伴随疼痛，估计是你的颈部过分扭曲，没有保持住一个自然的姿势。你可以通过在做俯卧撑的过程中，盯着前面十几厘米的地方，并一直保持来解决这个问题。

5. 动作变化

上斜俯卧撑：两手撑长凳上，身体下降至胸与手平行，再用力撑起。这个练习主要是练胸肌下部，可以作为平板俯卧撑的热身动作（图8-3）。

图8-3　上斜俯卧撑

下斜俯卧撑：两脚放在长凳上支撑，手置于地上，身体下降至胸部几乎触地后推起。这个练习主要针对胸肌上部与肩肌前部（图8-4）。

图8-4　下斜俯卧撑

架上俯卧撑：利用俯卧撑架或哑铃作为支撑，增加动作幅度（图 8-5）。

图 8-5 架上俯卧撑

三、习练方法

70%～80%1RM 成组练习，3～5 组。

四、可选练习

可练习双杠臂屈伸。

小贴士

两周不运动肌肉力量就会逐渐消失。一项丹麦的研究发现，静止不动对年轻人和老年人肌肉力量的影响是一样的。将一条腿固定两周，年轻人失去了他们的肌肉力量的三分之一，而老年人则大约失去四分之一。一个年轻人将腿固定两周失去的肌肉力量相当于老了 40～50 年。即使老年人失去肌肉力量少些，他们的健康水平降低程度略低于年轻人，肌肉质量的损失对老年人而言可能更关键，因为它可能对他们的一般健康和生活质量产生较大影响。研究发现，如果想在一段时间的静止不动后恢复肌肉力量，你需要加上举重训练。

第二节　徒手深蹲

一、为何徒手深蹲

徒手深蹲（squat）可以锻炼股四头肌。股四头肌是我们身上最大的一块肌肉，位于我们大腿的正前方。股四头肌有着支撑人类行走、奔跑、跳跃等各种行为的能力，所以说锻炼股四头肌是非常有必要的。大家想要锻炼股四头肌的话，第一个想到的就是深蹲。深蹲能够很好地帮助大家锻炼腿部的肌肉，尤其是大腿上的股四头肌。强壮的股四头肌是腿部力量发达的象征。男生如果有强壮的股四头肌，在篮球、足球等项目的身体对抗中就不会吃亏。

徒手深蹲可以提升臀部线条。徒手深蹲的好处有哪些？对于很多人来说，臀部都有些下垂，其实臀部下垂并不是一种影响身体健康的事情，但是臀部下垂却会造成大家穿裤子特别不好看，所以大多数人都会想要改善臀部下垂的现象。想要让臀部提升的话，最好的方法就是进行深蹲。而进行徒手深蹲，其实最有意义的就是能够提升臀部线条，多做一些深蹲，帮助大家实现翘臀的同时还能使皮肤和肌肉更结实，整个臀部看起来就会更加紧实，并且线条会更好看。

徒手深蹲可以去除多余的腿部脂肪。徒手深蹲，能够去除我们大腿上多余的脂肪，尤其是大腿内侧的脂肪，还能够帮助我们把臀部多余的脂肪给去除掉。臀部和腿部多余的脂肪都被去除，之后大家的腿看起来就会更加紧致，而且线条感更强。对自己下半身围度不够满意的人来说，这无疑是最佳的选择了。同时，徒手深蹲可以促进睾酮（男性激素）的分泌，旺盛的睾酮（男性激素）能促进全身肌肉生长，提高心肺功能和扩大胸腔，延缓衰老。

二、动作原理

1. 动作步骤

练习者双手前平举，下蹲到底，然后快速站起。双臂向头上方高举，做伸展动作，要能感觉到自己的腹肌有伸拉的感觉。后俯背下腰，双手摸两脚的脚面，顺势做蹲起动作，之后恢复原始站立状态。

2. 技术要领

下蹲时膝关节的方向要与脚尖方向一致，不能内扣，不能晃动，要使躯干保持着竖直，也就是说让两腿伸直，用腿的力量把身体举起来。不可用弯腰翘臀的方法，蹲起时要减少次数、减慢速度，整个过程保持匀速，速度不能快。一般 10～15 个一组，2～3 组就够。保持上身的挺直，可以稍微前倾，不能弓腰；下蹲时膝关节尽量不要超过脚尖；发力时要有意识地让臀部先用力（图 8-6）。

图 8-6　徒手深蹲

三、习练方法

70%～80%1RM 成组练习，3～5 组。

四、可选练习

可练习高脚杯深蹲。

第三节　引体向上

一、为何引体向上

引体向上（pull-up）指依靠自身力量克服自身体重向上做功的垂吊练习。主要测试上肢肌肉力量的发展水平，以及臂力和腰腹力量。在完成一个完整的引体向上的过程中，需要众多背部骨骼肌和上肢骨骼肌的共同参与做功，是一项多关节复合动作练习，是较好的锻炼上肢的方法，是所有发展背部骨骼肌的肌力和肌肉耐力的练习方式中参与肌肉最多、运动模式最复杂、发展背部骨骼肌的肌力和肌肉耐力最有效的练习方式，是最基本的锻炼背部的方法，是中考和高中体育会考的选择项目之一，是衡量男性体质的重要参考标准和项目之一。

二、动作原理

1. 技术要领

双手正握杠，大拇指从下方握杠，其余四指从上方握杠。握杠后，摆动身体，首先往后小幅度屈膝，身体前后摆动。拉杠：摆动到后方最高点时顺势屈膝，然后在顺势前摆的过程中，身体将要达到杠的正下方的时候，腿部急停，双手在这个瞬间往上拉杠，使肘关节弯曲，将下巴高过杠面。下杠时双臂缓慢弯曲，身体慢慢还原到启动状态，然后顺势将双膝盖弯曲，借力进行下一个动作（图8-7）。

图8-7 引体向上是锻炼背部的经典动作

2. 注意要点

上拉时意念集中在背阔肌，把身体尽可能地拉高，不要让身体摆动。

身体上拉时吸气，下垂时呼气，不可长时间憋气。下垂时脚不能触及地面。可在腰上钩挂杠铃片来加重。

三、习练方法

70%～80%1RM 成组练习，3～5 组，从反手过渡到正手。

四、可选练习

可练习坐姿下拉、助力引体、反向引体、反手引体、坐姿划船。

五、循序渐进掌握引体向上

由于自身体重过大、不习惯动作发力、肌肉（背阔肌、斜方肌、核心肌群、二头肌等）力量不足等原因，新手往往挂在杠上一个引体向上都拉不起来。下面介绍通过 5 个动作循序渐进提升引体向上水平的训练方法。

1. 单杠悬挂

采用正握方式，紧紧地抓住悬于头部上方的一根单杠，让自己悬挂起来。这种训练的目的是让你的身体熟悉悬挂的发力方式，练到的身体部位是双手和前臂，身体的其他部位可以任意放松。让你的双肩松开，让你的脊柱拉长，感受这种完美的拉伸。身体略后仰，并不是垂直地面；手臂略弯曲，并不是完全伸直。身体收紧，体会肩部和背部发力（图 8-8）。

图 8-8　单杠悬挂

2. 反向划船

反向划船（inverted row）也叫倒置划船。将杠铃架在差不多腰部的高度，可以选择一般的深蹲架，也可以选择史密斯架。双手与肩同宽，正握或反握杠铃，同时将自己的身体置于杠铃下方，此时你的手臂和整个身体都应该是完全伸直的，双脚置于地面上。首先弯曲肘部，将胸部拉向杠铃，同时夹紧你的肩胛骨，当拉到顶时停住，接着有控制地返回原位。通常练习 8～12 次，组数为 3～4 组（图 8-9）。

图 8-9　反向划船

3. 助力引体

通过借助外力，辅助锻炼到相应的肌肉群。弹力带能帮助你减轻负重，更正确地感觉背部肌群的发力，感受背部在引体向上过程中如何活动。有 2 种方法，首先是使用弹力带，单脚放在弹力带上，借助弹力完成动作。循序渐进地摆脱弹力带的辅助。弹力带的特性是拉得越长弹力越大，在下放到底时能给身体最大的辅助力，度过最困难的引体向上启动阶段，降低难度，同时不破坏引体向上的发力模式。建议选购最低磅数大约在体重的三分之一至二分之一的弹力带，女生在体重的一半以上，比较适合环形弹力带，比长条形更适合做引体（图 8-10）。其次是辅助式引体向上训练器（图 8-11）。辅助引体向上器械是固定器械，旨在帮助你自主地完成引体向上，重点放在掌握姿势和完成训练。当你变得更强时，逐步减少辅助训练的次数，最终可以自己练习引体向上。

图 8-10 弹力带助力引体向上

图 8-11 辅助式引体向上训练器

4. 反握引体

引体向上类型多样，主要用来锻炼背阔肌，但若用窄距的反握引体向上（underhand chin-up），可同时更好地锻炼肱二头肌。大多数健身爱好者在初期阶段，是做不了几个正握宽握引体向上的，但他们就算正握

图 8-12　反握引体时肱二头肌辅助发力

宽握引体向上一个都做不了，也可能能做几个反握引体向上。反握引体向上的动作方法：双手掌心向后，由前面握住单杠，握距稍窄于肩宽。向上拉动身体直至下巴超过到单杠高度，过程中上半身呈稍向后仰姿态。缓慢地降下躯体至起始状态（图 8-12）。

5. 标准引体

如果你能够完成 10～15 个引体向上了，那么不妨考虑在训练中增加阻力，在自重的基础上加入沙袋、链条等重物，提升训练难度。一个常用的增加重量的办法就是绑上负重腰带，这是一条很像举重运动员佩戴的、带有一条链条的腰带，将杠铃片或重物通过链条环绕在你的腰部，增加你引体向上时的阻力。

第四节　双杠臂屈伸

一、为何双杠臂屈伸

双杠臂屈伸（parallel bar dips）是上肢支撑用力项目，对提高上肢、肩带及胸部力量有明显作用，它能提高人体支撑用力的能力和支撑的耐力（图 8-13）。经常练习双杠臂屈伸，对保持男孩体形健美有一定的作用。同时它还能刺激胸腺的发育，提高人体的免疫力。让胸肌变成很有轮廓感这个动作就是不二选择。双杠臂屈伸锻炼胸大肌，如果想用这个动作来更多刺激下胸，建议在做的时候，身体稍微往前倾斜一些，这样对于胸部收缩感会更加明显。在这个动作中，我们必须通过肱三头肌的力量去压迫自己身体的重量，在下降到上升的过程中，我们的手臂承载了我们自身的全部重量。在双杠臂屈伸动作中，肩部虽然处于一个被动的阶段，但是每一次上升和下降，肩部都会起到一个稳定身体的作用，因此能有效锻炼肩部肌群。

二、动作原理

1. 技术要领

双手分别握杠，两臂支撑在双杠上，头正、挺胸、顶肩，躯干、上肢与双杠垂直，屈膝后小腿交叠于两脚的踝关节部位。肘关节慢慢弯曲，同时肩关节伸屈，使身体逐渐下降至最低位置。稍停片刻，两臂用力撑起至还原。

2. 注意要点

下放的速度要慢，并尽量降低。身体不可随意晃动，要保持平衡。不要在身体的前后摆动中完成动作。关键要点是身体前倾。

图8-13　双杠臂屈伸是锻炼胸、肩和臂部肌肉的经典动作

三、习练方法

如果力量不够，可使用助力器械。以70%～80%1RM成组练习，每次4～6组最佳。若每组可做15次，需要在腰部负重，再进行练习，才会再次提高。如果做不到15次，那做到力竭之后，使组间休息时间尽可

能短。做 6 组，每组做尽可能多的次数。

四、可选练习

根据练习部位有宽握和窄握两种技术，具体锻炼目标肌肉、手臂双肘、身体姿势等见表 8-4。

表 8-4　宽握和窄握双杠臂屈伸动作对照表

	宽握双杠臂屈伸	窄握双杠臂屈伸
目标肌肉	胸大肌	肱三头肌
手臂双肘	动作过程中肘关节指向外侧	双肘尽量贴近体侧，越近三头肌受力越大，动作过程中肘关节指向后方
身体姿势	上身前倾，内收下巴，不要挺胸。使胸大肌下部垂直于地面，双脚最好前伸前方	不要向前倾斜，要抬头挺胸，尽可能地保持身体垂直于地面，双腿可略向后运动
身体下放位置	尽可能放至最低点	不要降得过低，否则压力主要落在胸肌，易拉伤肌肉和结缔组织

第五节　坐姿下拉

一、为何坐姿下拉

坐姿下拉（pull-down）是发展背部宽度的动作，也是练习背部必不可少的有效动作（图 8-14）。一般情况下，将坐姿下拉动作放到硬拉动作之后进行练习，锻炼背部的效果更佳。坐姿下拉是训练背部肌肉的经典动作，是孤立训练背阔肌效果极好的动作，同时它简单易学，不仅可以作为新手入门的训练动作，也用来贯穿训练者的各个阶段。坐姿下拉需要固定器械。

二、动作原理

1. 技术要领

首先，坐在坐姿下拉器的固定座位上，两手按握距和握法要求分别握住上方横杠两端的把柄。然后，吸气，从头上方位置垂直下拉横杠至颈后与肩平，或者从头上方位置垂直下拉横杠至胸前，稍停2~3秒，然后呼气，沿原路缓慢还原。重复做以上动作。

2. 注意要点

下拉的时候肩部肌群要放松，动作还原时不要耸肩，否则会影响背阔肌的受力；身体不要前后摆动，身体要始终保持与地面垂直的状态。注意运动节奏控制合理，在动作还原的时候是靠背阔肌控制动作还原，而不是完全放松状态还原，这样会容易造成肩关节和腕关节的损伤。

图 8-14 坐姿下拉

三、习练方法

以 70%~80%1RM 成组练习，每次 4 组。

四、可选练习

可练习坐姿划船。

第六节　负重深蹲

一、为何负重深蹲

颈后深蹲是提高全身力量最有效的动作。人们称深蹲为"力量训练之王"。因为深蹲时使用的大肌群最多，如果再考虑支撑作用，几乎所有的骨骼肌都参与发力。科学家对很多动作测量过做功，使用相同的重量，深蹲做的功最多，接近硬拉的 2 倍、卧推的 5 倍，而深蹲能够使用的重量超过硬拉，更大大超过卧推。因此深蹲对全身力量的增长，效果大大高于其他动作，是增长全身肌肉最有效的动作。深蹲是个双关节复合动作，而且深蹲时人体分泌的生长激素最多，因此大重量深蹲不仅能促进腿部肌肉增长，还能促进全身肌肉增长。另外，深蹲这样做功多的动作和其他动作相比，不仅使肌肉围度提高，也使肌肉密度提高，也就是使肌肉变得更有力度感。

颈后深蹲是提高举重运动员腿部力量和躯干支撑力量的重要手段，也是健身爱好者最常用的训练动作。俗话说："人老先老腿。"人的衰老是从腿开始的，当然练习腿部力量要比练习上肢力量更加重要，所以说颈后深蹲也是一个抗衰老锻炼项目，对提高胯骨、膝关节、踝关节、椎骨的功能效果显著。

深蹲是提高爆发力最有效的动作之一。爆发力就是在尽量短的时间内爆发出尽量大力量的能力。爆发力训练的要点是大重量、快速发力、尽量多的肌肉协同用力和良好的神经调节能力。大重量深蹲满足上述全部 4 个条件，特别是最后一点，让很多练习者感觉深蹲训练特别累，但正是这种感觉锻炼了良好的神经调节能力，所以说深蹲是爆发力训练的首选。

二、动作原理

1. 技术要领

双脚与肩同宽，两胯骨向两侧打开，双脚尖稍微外开，臀部翘起，腰背挺直，目视前上方。杠铃落在斜方肌和两肩上沿位置，做下蹲和起立运动。在下蹲时下降到次低位置做向下反弹起立技术，就是在大小腿接触前向下做反弹起立，也可以充分利用杠铃杆颤性做反弹起立练习。

2. 注意要点

深蹲的重量较大，不可盲目增加重量，初学者宜先用 15～20RM 的重量体会动作。在缺乏保护与帮助的情况下进行练习，一定要小心谨慎。明确杠铃放置的部位，不要让杠铃直接压在关节或骨骼上，而应放在柔韧的肌肉上，以提高承受力。还要使杠铃尽量与肩部多点接触，以增大接触面，减轻压力，避免疼痛，维持杠铃的稳定。做动作时一定要注意抬头。注意合理的动作节奏。深蹲时切忌下放速度过快、放得过低，否则极易损伤膝、踝等关节。

3. 易犯错误

1）在深蹲过程中膝盖没有固定在脚尖方向，起立时膝盖内扣，容易伤膝盖。

2）下降不到位，后大腿没能接触到后小腿。肌肉纤维没能充分舒张和收缩。

3）起立时扭动屁股，伤腰。遇到这种情况，可以适当减轻重量练习。

4）弓腰塌背是练习深蹲的常见错误，带来较大危险。

4. 技术细分

根据杠铃放置位置，颈后深蹲存在高位深蹲和低位深蹲的区别，建议初学者锻炼使用高位深蹲，更加容易体会垂直方向的用力。根据器械是否固定，颈后深蹲分为在史密斯架上面完成的固定线路的深蹲（图 8-15）和背负杠铃自由负重的深蹲（图 8-16）。后者锻炼效果更好。如有可能，尽量使用自由负重进行深蹲训练。

图 8-15　机颈后深蹲

图 8-16　自由负重的杠铃颈后深蹲

三、习练方法

需要对深蹲技术长期打磨提高。建议 70%～80%1RM 成组练习，3～5 组。

四、可选练习

从有效增长全身肌肉的锻炼效果而言，以下动作是备选方案。

（一）高脚杯深蹲

1. 动作要领

①双手捧着哑铃，将哑铃摆在胸前，两手内收，肩胛下沉放松。双脚与髋关节同宽，脚尖朝前（或微微呈外八字），重点应是下蹲时，膝盖与脚尖同方向。②身体重心居中，挺胸、抬头、收腹，吸一口气在肚子里。③屈髋屈膝，同时向下蹲，下蹲的深度，以自己的关节灵活程度和肌肉柔韧性为准，参考标准是保持脊椎中立自然蹲到最低的位置。④感受髋关节向后移动（往后、往下坐），同时屈曲膝盖，不要过度前移，膝盖始终保持和脚尖成一条直线（图 8-17）。

2. 注意要点

高脚杯深蹲有助于纠正深蹲姿势和发力技巧，是非常适合新手的动作。它更容易让你的躯干保持直立，可以减少背部的张力。手持哑铃时，一端接触在胸前，一端接触在腹部。当你在下蹲时，发现哑铃的下端已经不再与腹部有接触时，这代表上半身太过前倾了。

3. 习练方法

70%～80%1RM 成组练习，3～5 组。

图 8-17　高脚杯深蹲

（二）仰卧腿举

仰卧腿举（leg press）与深蹲都是股四头肌集中训练的经典动作。深蹲由于下蹲时腰部压力大，而斜卧负重腿举则可避免这一不足，因此可用来冲击大重量。练此动作之前最好先做深蹲，直至腰部感到不能承受重压时再腿举。

1. 动作要领

坐在腿举器上，将髋部靠住斜垫，并把双脚以肩宽的距离踏在脚台上。抓住手柄并从脚跟发力来释放安全栓。在动作开始时膝关节应该微弯。吸气并慢慢降低负重，直到膝关节呈 90°时停止动作。稍事停留，然后通过脚后跟强力地向上推举重量返回至初始位置，当向上推举通过动作中点时开始呼气（图8-18）。

图 8-18　仰卧腿举

2. 注意要点

动作还原时两脚不要完全伸直，膝关节呈微屈状态。练习腿举，不仅能增大股四头肌，还能增大全身各部位的肌肉。双腿收回时膝角约30°，接近于深蹲全蹲。腿举膝角还可继续小于30°，进一步继续挤压大小腿肌肉，从而强化股四头肌一些平时很难训练到的肌纤维。实际上，仰卧腿举是提高臀部力量的较好方法，适合人群广泛。

3. 习练方法

70%～85%1RM 成组练习，3～4 组。

（三）硬拉

1. 动作要领

在动作开始的时候，身体是往前倾的，接近与地面平行，髋关节屈曲，形成髋角，膝关节同时弯曲，但不要弯曲太多。双腿分开，与髋同宽或略宽一些。脚尖向外打开。整个背部挺直，展胸收腹，核心绷紧。头部自然放松，肩胛骨往后收回。双脚蹬住地面，臀部翘起。从下往上，把杠铃从地面拉起来。向上至躯干直立，头、肩、髋、膝、踝与地面垂直，特别要注意不要出现骨盆前倾、腰椎超伸。向下至杠铃片接触地面（图 8-19）。

2. 注意要点

①把杠铃从地面拉起时，腰背部是弯的，没有挺直收紧；②身体直立时，骨盆没有回归中立位，而是处于骨盆前倾；③身体下蹲过多，臀部没有往后翘起，没有主动发力；④双肩没有往后展，背部深层肌肉没有收紧；⑤把杠铃下放时，杠铃离身体过远，应该杠铃贴着身体往下放。

2. 习练方法

70%～80%1RM 成组练习，3～5 组。

图 8-19　硬拉

（四）农夫行走

1. 动作要领

在行走的过程中双手拎起重物，身体中立位，重物拉起至髋部两侧，双手重物尽量保持稳定的前提下，能走多快走多快。选择杠铃、哑

图8-20　农夫行走

铃、壶铃皆可。选一片空旷场地，提起双侧重物，一开始小步快速挪移，当身体适应了这个重量，逐渐加大步伐，加快脚步（图8-20）。

2. 注意要点

身体前倾，重心向前，重量惯性带着走便会越跑越快。加强核心稳定和锻炼肌肉耐力，是日常功能性高迁移的力量训练方式。

3. 习练方法

重量选取 65%～80%1RM，3～4 组，30～60 米，组间休息 90～180 秒。

健身故事（8-1）

作家村上春树健身故事

村上春树，1949 年 1 月 12 日，生于京都伏见区。他是日本现代著名小说家。他把一天看成 23 小时，因为他每天都要给自己留 1 小时跑步的时间。对他来说，跑步和写作是密不可分的，是相辅相成的。跑步进入他的日常生活，是在很久以前了，准确说来是 1982 年的秋天，那时候他 33 岁。之前他在千驮谷附近经营一家店铺，后来为了专心写作，就把店铺关闭了。成为职业作家之后，首先面临的是健康问题，为了维持体力，将体重保持得恰到好处，于是他开始每天坚持跑步。刚开始跑步的时候，跑二三十分钟，他便气喘吁吁地几乎窒息，心脏狂跳不已，两腿颤颤微微。他坚持一段时间之后，呼吸节奏变得稳定，脉搏也安定下来。就这样，跑步如同一日三餐、睡眠、家务和工作一样，被编进了他的日常生活，成为理所当然的习惯。村上春树说，为了跑步去体育商店买了合用的跑鞋、运动服、秒表，还买了专为初练跑步人写的入门书，慢慢地自己变成了跑步者。他从 1982 年秋天开始跑步，一直坚持到现在，几乎每天都坚持慢跑，每年至少跑一次全程马拉松，还在世界各地参加过无数次长短距离的比赛。

为什么选择跑步

村上春树回忆说，"我自小就不太在乎胜负成败，和别人共同参与赛事，总是难以全身心投入，这种性格在长大成人后也大致未变。无论何事，赢了别人也罢，输给别人也罢，都不太计较，倒是更关心能否达到为自己设定的标准。在这层意义上，长跑才是与我心态完全吻合的体育运动"。关店歇业之后，也为了改变生活方式，他便把家搬到了千叶县的习志野。当时附近连一处像样的体育设施也没有，道路建得很完备，恰好家附近有一个日本大学理工学部的操场，大清早那儿的跑道可以自由使用。他说，"跑步不需要伙伴或对手，也不需要特定的器械和装备，更不必特地赶赴某个特定的场所。只要有一双适合的跑步鞋，有一条马马虎虎的路，就可以在兴之所至时爱跑多久跑多久。因此在众多体育项目中，我几乎毫不犹豫地选择了跑步"。

健身行为

跑步已经成为村上春树日常生活的一个支柱，除非万不得已，否则他一天也不间断地坚持。2005 年他开始在马萨诸塞州的剑桥生活以来，每个星期他都要跑 60 千米，每天跑 10 千米。有时他会携带一个随身听，一面听着，一面跑。本来每周 7 天，因为有的时候会下雨，有的时候因为工作太忙抽不出时间，还有觉得身子疲惫实在不想跑步，所以他预先设定了一天"休息日"。天气热的时候，他就在脸上和颈部抹足防晒霜，调好手表，来到路边，然后开始跑步。村上春树说，"我不想跑的时候，就经常问自己这样一个问题：你作为一个小说家在生活，可以在喜欢的时间一个人在家工作，既不必早起晚归挤在满员电车里受罪，也不必出席无聊的会议，与之相比，不就是在附近跑一个小时，有什么大不了的？于是脑海里浮现出满员电车和会议的场景，再度鼓起勇气，较为顺利地出去跑步。每日跑步对我来说好比生命线，不能说工作繁忙就抛开不管，或者停下不跑了。工作繁忙就中断跑步的话，我一辈子都无法跑步。坚持跑步的理由不过一丝半点，中断跑步的理由却足够装满一辆大型载重卡车。我们只能将那'一丝半点的理由'一个个慎之又慎地不断打磨。见缝插针，得空儿就孜孜不倦地打磨它们"。

健身经验意义

每天坚持跑步，村上春树还戒了烟。戒烟诚然不是轻而易举的事，但是没有办法一边吸烟一边坚持跑步。"还想跑得更多"这个自然的想法，成了他戒烟的重要动机，还成了克服烟瘾的有效手段。村上春树说，"跑步对我来说，不单是有益的体育锻炼，还是有效的隐喻。将目标的横杆一点点提高，通过超越这高度来提升自己"。"我超越了昨天的自己，哪怕只是那么一丁点，才更为重要。在长跑中，如果说有什么必须战胜的对手，那就是过去的自己。""在跑步时不需要和任何人交谈，不必听任何人说话，只要眺望周围的风光，凝视自己就行。这是任何东西都无法替代的宝贵时刻。"村上春树说，"我每天跑一个小时，来确保只属于自己沉默的时间，对我的精神健康来说成了具有重要意义的功课。只要跑步，我便感到快乐。在我迄今为止的人生中养成的诸多习惯里，跑步恐怕是最有益的一个，具有重要意义。我觉得由于20多年从不间断的跑步，我的躯体和精神大致朝着良好的方向得到了强化"。

第九章
极简健身计划

每次我走进一座漂亮的房子见到一脸自豪、满身赘肉的主人时，我都非常惊讶。他们没有搞清楚本末始终，我们真正的家不是房子、城市甚至国家，而是我们的身体。只要你还在这世上，它就是你的灵魂和精神唯一一刻都不离的栖息之所。它是世上你能照料的有形之物中最最重要的。

——马克

怎样从时间维度设计每周、每月的训练计划？初学者当每周锻炼多于3次时，最大摄氧量的增加逐渐趋于平缓；当锻炼次数增加到5次以上时，最大摄氧量的增加就很小；而每周锻炼少于2次，通常不引起改变。根据池上晴夫的研究：一周1次的运动效果不蓄积，肌肉痛和疲劳每次都发生；运动后1～3天身体不适，且易发生伤害事故。一周2次的运动疼痛和疲劳减轻，效果一点一点蓄积，但不显著。一周3次（隔天运动）的运动效果蓄积，不产生疲劳。一周4～5次的运动效果相应提高。个人可以选择适合自己情况的锻炼次数，每周锻炼3～4次是最适宜的频度，但是每周不能少于2次。以下4个健身计划，综合了有氧锻炼和力量训练，考虑了健身环境和性别与年龄，供不同人群健身者参考。

第一节　成年男性健身计划

成年人的身体机能较为稳定，进行体育锻炼主要是为了保持身体机能，预防种种疾病。在体育锻炼的开始阶段，活动量可逐渐增加，当身体机能达到一定水平后，就应保持原运动量（表9–1）。从青少年就开始进行体育锻炼者，到成年阶段，活动量也不要继续增加，因为在成年阶段，想较大幅度地提高整体机能是不现实的，保持精力充沛、肌力强健就可以了。

表 9-1　成年男性四周训练计划

周次	周一	周三	周五
1	健身跑　　30 分钟 负重深蹲　70%1RM×4 坐姿下拉　70%1RM×4	跑步机　　30 分钟 负重深蹲　75%1RM×4	椭圆机　　　25 分钟 负重深蹲　　80%1RM×4 双杠臂屈伸　70%1RM×4
2	跑步机　　25 分钟 负重深蹲　75%1RM×4 坐姿划船　70%1RM×4	健身跑　　40 分钟	椭圆机　　20 分钟 负重深蹲　85%1RM×4 引体向上　70%1RM×4
3	健身跑　　30 分钟 负重深蹲　70%1RM×4 坐姿下拉　70%1RM×4	跑步机　　40 分钟 负重深蹲　75%1RM×4	椭圆机　　　25 分钟 负重深蹲　　80%1RM×4 双杠臂屈伸　70%1RM×4
4	跑步机　　25 分钟 负重深蹲　75%1RM×4 坐姿划船　70%1RM×4	跑步机　　30 分钟	椭圆机　　20 分钟 负重深蹲　85%1RM×4 引体向上　70%1RM×4

第二节　青年女性健身计划

女性健身的好处不仅仅是减脂和塑造体型，还可以对身体带来非常多的益处，特别是力量训练。有氧运动确实能增强身体的心肺功能和血液循环，适度出汗也可以帮助我们的脸部皮肤代谢出污垢；而力量训练更是塑形的主要手段。多数女生相对于男生来说比较缺乏运动，再加上女性在中年会经历绝经期，所以骨质疏松的发病率就比男性高。女性如果在青年时就注重健身训练，那就会增强骨质密度，使骨骼更加强壮，从小就避免骨骼病的侵害，从而能够有效地预防骨质疏松症，能让女性到中年后远离活动受限的困扰。女性在运动时应注意适当休息，以"轻、柔、稳"为原则，在体育锻炼初期，宁少勿多，宁慢勿快，逐渐递增（表 9-2）。

表9-2　青年女性四周训练计划

周次	周一	周三	周五
1	健身跑　　　20 分钟 高脚杯深蹲 70%1RM×4 坐姿下拉　 70%1RM×4	健身跑　 30 分钟 徒手深蹲 60%1RM×4	健身跑　　 25 分钟 徒手深蹲　80%1RM×4 助力引体 70%1RM×4
2	跑步机　　　25 分钟 徒手深蹲 75%1RM×4 坐姿划船 70%1RM×4		椭圆机　　　20 分钟 徒手深蹲 85%1RM×4 引体向上 70%1RM×4
3	跑步机　　　20 分钟 高脚杯深蹲 70%1RM×4 坐姿下拉　 70%1RM×4	健身跑　 30 分钟 徒手深蹲 75%1RM×4	椭圆机　　　25 分钟 徒手深蹲 80%1RM×4 俯卧撑　　 70%1RM×4
4	跑步机　　　25 分钟 徒手深蹲 75%1RM×4 坐姿划船 70%1RM×4		椭圆机　　　20 分钟 徒手深蹲 85%1RM×4 助力引体 70%1RM×4

第三节　老年男性健身计划

随着机体的衰老，老年人的生理控制能力变差，抵抗疾病能力下降，疾病增多。老年人锻炼身体，应该注意很多事情，特别是超过 65 岁的老年人，身体锻炼应该适当，不能过于剧烈，更不能不顾身体的不良反应。要想健康，最好是每天坚持锻炼，然后每天的运动量不要过大。针对容易疲劳、恢复慢等特点，老年人运动强度要低，采用中小负荷进行力量锻炼（表9-3）。

表9-3　老年男性四周训练计划

周次	周一	周三	周五
1	健步走　 20 分钟 负重深蹲 50%1RM×3 坐姿下拉 50%1RM×2	健步走　　 30 分钟 徒手深蹲 55%1RM×3	椭圆机　　 25 分钟 负重深蹲　60%1RM×3 俯卧撑　　 50%1RM×2

续表

周次	周一	周三	周五
2	跑步机　25 分钟 负重深蹲　55%1RM×3 坐姿划船　50%1RM×2		椭圆机　20 分钟 负重深蹲　65%1RM×3 助力引体　70%1RM×4
3	跑步机　20 分钟 负重深蹲　50%1RM×3 坐姿下拉　60%1RM×2	健步走　25 分钟 徒手深蹲　55%1RM×3	椭圆机　25 分钟 负重深蹲　50%1RM×3 俯卧撑　70%1RM×2
4	跑步机　25 分钟 负重深蹲　55%1RM×3 坐姿划船　50%1RM×4		椭圆机　20 分钟 负重深蹲　65%1RM×3 助力引体　70%1RM×4

第四节　老年女性健身计划

多运动有助保持老年女性的细胞活力。美国一项最新研究发现，老年女性如果久坐不动、锻炼太少，会加速细胞老化。要想保持身体活力，老年人不能过于安静，应该动起来。老年女性如果每天进行中度至剧烈强度的运动少于 40 分钟、久坐不动超过 10 小时，那么她们的细胞染色体端粒长度相对就更短。与那些同龄爱运动的女性相比，习惯久坐不动的老年女性，细胞的实测年龄平均要老 8 年。

加拿大一个研究小组对 9300 多名美国老年女性进行了问卷调查，记录她们在 18 岁前、30 岁、50 岁及老年等几个不同年龄段的锻炼习惯。调查发现，不管在什么年龄段，女性经常锻炼均有助降低患老年痴呆症的风险。而在 18 岁之前经常锻炼往往会取得最佳效果，在这一年龄段经常锻炼的女性进入老年后患老年痴呆症的风险要比其他人低 30%。研究者认为，应该大力鼓励女性在青少年时期就重视身体锻炼，不要等上了年纪才意识到锻炼的重要性。老年女性锻炼以有氧训练为主，采用小负荷进行力量锻炼（表 9-4）。

表9-4 老年女性四周训练计划

周次	周一		周三		周五	
1	健步走 高脚杯深蹲 坐姿下拉	20分钟 70%1RM×3 70%1RM×3	健步走 徒手深蹲	25分钟 50%1RM×3	椭圆机 徒手深蹲 助力引体	20分钟 80%1RM×3 70%1RM×3
2	跑步机 徒手深蹲 坐姿划船	25分钟 75%1RM×3 70%1RM×3			椭圆机 徒手深蹲 助力引体	20分钟 85%1RM×3 70%1RM×2
3	跑步机 高脚杯深蹲 坐姿下拉	20分钟 70%1RM×2 70%1RM×3	健身跑 徒手深蹲	30分钟 55%1RM×2	椭圆机 徒手深蹲 俯卧撑	25分钟 80%1RM×3 70%1RM×3
4	跑步机 徒手深蹲 坐姿划船	25分钟 75%1RM×3 70%1RM×2			椭圆机 徒手深蹲 助力引体	20分钟 85%1RM×2 70%1RM×4

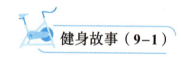 健身故事（9-1）

青年学者加藤嘉一健身故事

加藤嘉一，1984年4月28日出生于日本伊豆。他的职业为作家，现任美国哈佛大学客座研究员。他的父亲是运动员，从小就锻炼他和他的弟弟。14岁时，加藤身高1米74，体重75公斤，想成为一名优秀的柔道运动员。14岁后，他开始练习田径，体重下降到56公斤。参加3个月的田径训练后，他荣获全国大赛第4名。同时，他也参加了学校的棒球队，参加了日本小学生全国棒球大赛。在学校里，他每天坚持晨跑5千米，回家跑步5千米，在路上走20千米。小学毕业后他报考了山梨学院大学附属中学，每天早上6点去上学，下午5点放学。回到家后，他在父亲的指导下和弟弟一起跑步，每天跑到晚上8点，然后洗澡、吃饭、复习、睡觉，天天如此。初二时，他加入国家青年队集训，参加全国大赛，但他的腰由于过度锻炼出现伤情，致使他难以恢复原来的巅峰状态，于是放弃全国大赛。高中，他每天早上 3 点开始送报，骑 15 千米路上学，放学后到田径场锻炼 2 小时，再骑车 15 千米路到晚上 9 点半回家，吃饭、做功课，到半夜 12 点睡觉，由于面对各方面的压力，最终他放弃田径。尽管学习紧张，但在专注学习的同时，他每天都会给自己留 90 分钟的慢跑时间。

健身行为

加藤嘉一从学生时代起就开始长跑了，一个人沿着箱根长跑接力赛区第 5 区的环山路跑步。因为跑山路很辛苦，在跑步过程中为了看清楚自己的跑步路线，必须抬头向前看。一旦确认前方路线后，马上将视线回归到自己脚下。加藤嘉一不喜欢闹钟，凌晨 4 点多，他就会自然醒来，长跑 1 个小时后，6 点回家，专注写作到 8 点半。到中国之后，他每天早上围着北大跑 1 个小时，中午吃饭、看字典，出去和周边阿姨们聊天，学习中文。加藤嘉一喜欢奔跑，每次到了不同的城市，他就通过跑步来观察和了解每一座城市，跑步之余，和路人聊天，甚至和小动物聊天。他围绕城市跑步的同时，喜欢去这个城市的书店，有时会拿出一整天时间来逛，会让他觉得很放松。他说，"我不像其他年轻人一样，需要有人陪我聊天，需要逛街消遣，我喜欢这种一个人享受孤独的状态"。跑步是他生活中最重要的部分之一，只要有机会他就会跑步。对他来说，跑步与呼吸一样重要，没有跑步，就没有自己。他觉得今天中国非常缺乏健康的体育，给大家推荐村上春树的《当我谈跑步时我谈些什么》。跑步很多时候可以释放压力，放松自己。

跑步的目的

加藤嘉一跑步的理由有 5 个："第一，跑步是我的爱好，我学习工作之余也要歇口气的。第二，是为了保持身体健康，托了跑步的福，我从没感冒过。第三个目的是从中获得写作灵感，我在中国每月要给 10 多家媒体专栏供稿。跑步时，穿行于街头熙攘人潮，我与之保持若即若离的距离，文思因而泉涌。第四个目的是测试自身的身体状态，无论完成了多棒的一篇采访，身体状态不佳的话，笔下就写不出精彩的报道。跑步也是检验自己状态的一种方式，跑完步后，从心跳数和疲劳度可以获知自身状态的好坏，跑步在这方面起了气压计或量尺那般的测量作用。最后一个目的是保持苗条的体形。因为我要参演电视节目，在大众眼前亮相，若拖着一具臃肿躯体出现，我认为那是没有修养、不符礼仪的，公众人物应当对得起观众。"

经验启发

加藤嘉一说："跑步给我带来写作的灵感，跑步给我带来健康，跑步给我带来爱好，跑步给我带来相对好一点的身材，跑步给我带来很多很多的思想，能够交很多的朋友，我没有花过一分钱。""跑步是一项环保的运动，成本非常低的运动，你不用付费，只要有路就能跑。跑步可以培养你的孤独感，还可以让你有一整段思考的时间。""年轻人对运动的冷漠将成为城市问题，中国的体育进入了后奥运时代，年轻人不爱运动，宅男们要么上课，要么在家待着，是很不健康的。现在跑步的都是老年人，年轻人会说'太忙'，其实就是借口。我特别希望在一个后现代这个社会，跑步能够成为大家追求幸福的一个过程，我本人始终在奔跑，对我来说，跑步就是一种活法。"

第十章
享受终身健身

健身没有终点，你选择了健身，其实是选择了直面自己，选择了最强大的对手——你自己。

——网友"饭否"

第一节　形成健身习惯

一、健身习惯有何用处

健身习惯是最有意义的人生好习惯。我们人生中的许多资本，如出身门第、相貌与才华，从出生就已经注定。但唯有健康是最能够通过岁月检验最终成绩的，身体健康将最直观地显示出，你是否认真对待了自己宝贵的人生。当健身成为一种习惯，对待生活的态度貌似也不自觉地发生了一些改变。以下 5 条是网友的总结，富有启发意义。

一是，更加关注饮食健康。以前真的是想吃什么就吃什么，三餐时间不固定，分量也比较随意。健身之后开始关注食物的热量。最初是调整晚餐，不再像以前没有节制的大鱼大肉，就简单吃些蔬菜、水果和粗粮，减轻身体负担的同时，睡觉的时候也不会感觉饿肚子。接着重视早餐，早餐会多吃一点儿，不过尽量不吃油。中午吃饭会比较准时，一般 12 点左右就会想要补充能量。当然，也没有必要过多地限制美食，还是会吃甜食，会吃火锅、烤肉和喝啤酒，但对比以前，健身之后对食物生出了敬畏之心，更敏感于身体对食物的反应。毕竟，健身与饮食是分不开的相互影响的关系。

二是，找到新的减压方式。生活中难免有压力大、状态不好的时候，总是需要有一些减轻压力的方法，看电影、旅行、睡大觉都是比较常用的。健身后，跑步是很好的减压方式。早上开始出去跑步，差不多能慢跑 40 分钟到 1 小时，大汗淋漓之后，感觉头脑都清醒了，读书、下厨、种花、写日记，一天的生活居然也安排得很好。下午出去跑步，在小区跑步会遇到朋友，跑完步喝杯水休息一下，满身大汗地去和好朋友聊天，觉得生活很美好。

三是，尝试更多运动机会。一说到健身，我的第一反应就是跑步，我觉得跑步就是最简单有效的健身方式，因此保持健身习惯的前半年，基本就是每天跑步。后来朋友建议再试试游泳。我对游泳一直不擅长，拿着浮板勉强可以游一会儿，但是就是这么隔三岔五地游一会儿，居然慢慢有了进步，很快就不用浮板了，可以在泳道里游个来回了，这种成就感的力量是巨大的，鼓励我走进健身房尝试了更多的运动。比如KickBoxing，我以前一直以为戴上拳套的运动就是拳击，其实不然，KickBoxing 是一种以打拳套路为切入的健身方式，一堂课 60 分钟，15 分钟的热身。说实话，这 15 分钟的热身运动对于我这种健身新人来说已经不是一般的强度了，我第一次练的时候，真是感觉要晕过去。热身后有 35 分钟的拳路课程，最后还有 10 分钟的全身舒缓。10 节课后，戴上拳套就感觉自己帅。除了这些，我还试着跳跳 Zumba，和朋友去打保龄球，偶尔爬山，业余生活变得丰富起来。

四是，学会坚持。几乎每一个跑步故事都是关于坚持。朋友以前在美国宾夕法尼亚大学念法律，毕业的时候要考证书，入行做律师。考前的 2 个月，她每天就是复习复习再复习，可是每天从一睁眼就要开始 8 小时的看书复习生活其实是很枯燥的。她就想到一个方法，因为喜欢跑步，每天一大早开始复习前，就先出去跑步，跑 1 小时，回来再看书就觉得没有什么难的，很容易，于是洗个澡，开始一天的"案例大战"。2 个月后，她成为纽约州执业律师。她告诉我这个故事的时候，其实我不以为然，我总觉得人在回忆过去的事情时会有夸大或模糊的成分，跑步的作用很可能只是她的想象，直到我自己也开始跑步。我刚开始跑到 20 分钟的时候会有一种很累的感觉，想停一停，于是就对自己说再坚持 5 分钟，累了就停下来，可是很奇怪的，往往坚持又跑了 5 分钟之后，就感觉好像又没有那么累了，于是一口气可以再跑个 20 分钟。我突然明白了，很多事情都和跑步一样，过程中会遇到困难，只要不放弃再坚持一下，克服困难你就办得到。

五是，影响身边人健身。我会健身是因为朋友的影响。那时候看到朋友健美好身材，我很羡慕，于是自己也开始向拥有马甲线努力。没想到，我的健身生活也影响了我家先生。我的确经常吐槽我家先生的胖胖身材，一直希望他健身减肥，但是他总有托词，冬天说天太冷，夏天再说；夏天说天太热，冬天再说；工作日说，上班太累，周末再说；周末说，上班太累，周末休息。我已无言以对，懒得理他。我坚持健身后，身材的确变得比以前紧实了，马甲线也慢慢有了样子，虽然没有刻意减肥，但健身配合饮食的瘦身效果也很明显。有一天，先生突然跟我说，他要办一张健身会员卡，比较贵，我二话没说就同意了。也许真的是因为会费比较贵，先生居然很努力地开始健身了，每天下班都去上一节课，半年后公司体检，医生非常高兴，说他减重 20 多斤，对健康很有好处。

二、如何培养健身习惯

一是有明确的健身目标。如果你去跑步，你跑步的动机就是维持跑步成功的关键。问自己目标是什么，当动机越具体而明确时，越容易成功地将跑步变成日常生活的一部分。减重常是一个开始跑步的目标，但是如此模糊的目标也许只能支持你运动持续 2 周，因为目标不够具体。必须要更具体地提出明确的目标，如 2 个月减 3 公斤。

二是不断给自己正面的反馈。当完成了 2 周锻炼计划，奖励自己一双舒服的运动鞋；或者陪家人吃一顿美食、看一次电影。当在业余足球比赛获胜的时候，约队友去餐馆喝几杯啤酒，回味细节、畅谈感受、相互吹捧，都是有意义的事情。业余健身者取得一点点进步都要克服很多困难，都是值得庆祝的事情。

三是争取朋友、家人的支持。健身伙伴本质上是相互支持的关系，大家凑在一起，就像一座石拱桥一样，相互支撑才能品味运动的乐趣。因为兴趣爱好而走在一起的朋友，是一种比较随意的关系，一般不会有利益的纠葛，所以更容易建立起信任。然而，健身伙伴关系也需要用心呵护，比如信守约定的时间，不放队友的鸽子；再比如多传球配合，不要自顾自单干。争取家人的支持，一方面健身不干扰工作，另一方面不减少家庭责任，比如做好晚饭再去运动。

四是注意碎片化锻炼。没有健身时间是很多人面临的现实问题。破解这个问题，一方面是简化锻炼计划，提高锻炼的投入产出比；另一方面是化整为零，在工作、学习、休闲、家庭生活的碎片化时间进行锻炼，追求锻炼的累计效应。从这个意义而言，爬楼梯、俯卧撑、徒手深蹲都是很理想的锻炼动作，值得不断习练提高技术水平。

网友"仙女小姨"分享了养成健身习惯的 3 个要点。①从意识上真正认识到自己要减肥，而不是嘴上喊个口号。因为我健身坚持得好，身边很多人经常说："我向你学习啊，跟着你练。"最开始的时候我还很热情地给大家分享经验。现在跟我说这句话的，我都礼貌性地笑笑，因为 90% 的人是不会迈开腿跟我去健身的，剩下 10% 的人去了健身房坚持不了 3 天。这就是大多数人的状态。意识决定行为，因此要想养成好习惯，思维和认知层面要先做好建设。②健身房的便利程度。一定要找离你最近的、最方便去的健身房。别给我讲健身房小、器械不够、帅哥少等理由。你是去健身的，真正想练的，没器械也能练。我当时能坚持下来很关键的是，第一个健身房离单位只有一个街口，走路大概七八分钟。第二个健身房就在一层楼上，我只需要坐电梯下去就可以了，非常方便。③最好有个能带你的人。团队作战的战斗力肯定要更高一些。找找生活中有没有常去健身的人，像我这种，然后无论刮风下雨都和人家一起去健身，习惯的养成只要 21 天，等你从健身中收获快乐了，自然就坚持下来了。

第二节　习练健身技能

一、怎样看健身技能

健身技能是完成特定健身动作的能力，在姿势、轨迹、操作等方面能够经济而准确地实现。健身技能有很多种，极简健身推崇粗大的健身技能，也就是健身操作时参与工作的是以大肌肉群为主。我们认为针对小肌肉群的精细健身技能不重要，因为投入产出比不高，某种程度上说就是浪费。

像跑步、游泳、深蹲这样的连续性动作，改进技术后的收益巨大，因为你改进了一个动作，就等于改进了循环重复中的所有动作。这些动作实际上都是封闭性运动技能，做动作时的周围环境是可预测的。相反，球类运动属于开放性运动技能，是在不断变化及不可预见的环境中执行的运动技能，练习者不能有效地提前计划整个动作。比如，一名前锋即使已经准备好反越位，但是队友的球迟迟传不过来，那么他的技术就施展不出。可见，球类运动技术需要复杂的认知与决策的技能，可能收获惊喜，也可能感到沮丧。如果问运动健身后有没有人后悔的话，后悔的情况一般发生在球类运动的爱好者群体。

二、如何习练健身技能

极简健身需要的技术动作并不多，其中跑步和深蹲是最需要不断打磨提高的技术动作。几乎没有任何技能是人一出生就会的，再简单的健身动作，也需要有意识地练习改进。在体育训练中，比较强调分块练习。首先你要把整个动作过一遍，看专家是怎么做的，然后把它分解为很多小块，逐步学习掌握。在这种训练中一定要慢，只有慢下来才能感知技能的内部结构，注意到自己的错误。在美国一所很好的小提琴学校里，甚至有禁止学生把一支曲子连贯地演奏的要求，规定如果别人听出来你拉的是什么曲子，那就说明你没有正确练习。职业的体育训练往往是针对技术动作，而不是比赛本身。一个高水平的美式足球运动员只有1%的时间用于队内比赛，其他都是各种相关的基础训练。反过来说，如果没有这种事先的重复训练，一个人面对突发的事件往往会不知所措。

运动技能是后天习得的。有些看似是天赋的技能，实际上是可以通过后天培养的。一个动作做得好与不好，本人必须能够随时了解练习结果。看不到结果的练习等于没有练习，如果只是应付了事，你不但不会变好，而且会对好坏不再关心。在某种程度上，刻意练习是以错误为中心的练习。练习者必须建立起对错误的极度敏感，一旦发现自己错了会感到非常不舒服，一直练习到改正为止。从训练的角度，一个真正的好教练是什么样的？John Wooden是美国具有传奇色彩的大学篮球教练，他曾经率领UCLA队在12年内10次获得NCAA冠军。为了获得Wooden的执教秘诀，两位心理学家曾经全程观察他的训练课，甚至记录下了他给球员的每一条指令。结果统计表明，在记录的 2326 条指令之中，6.9%是表扬，6.6% 是表示不满，而有 75% 是纯粹的信息，也就是做什么动作和怎么做。他最常见的办法是三段论：演示一遍正确动作，表现一遍错误动作，再演示一遍正确动作。

第三节　改善健身体验

一、运动的身心体验

从过程和结果两方面考察，健身体验和健身效果尤其重要。健身者的体验是愉悦还是糟糕，往往对今后的健身行为具有深刻影响。健身的身心体验主要包括愉悦、疲惫、愤怒、痛快等。比如在马拉松比赛的冲刺阶段，很多运动员不是喘不过气，而是抬不动腿，只想尽快结束比赛。

跑步者的愉悦感（runner's high）是指当运动量超过某一阶段时，体内便会分泌脑内啡肽。长时间、连续性的、中量至重量级的运动、深呼吸也是分泌脑内啡肽的条件。长时间运动把肌肉内的糖原用尽，只剩下氧气，内啡肽便会分泌。内啡肽让人不觉得那么疲倦，反而有一种飘飘然的快感和满足感。

二、锻炼的时空体验

运动中身体的每一个动作都是一种时空的流动。运动时身体在感受时间与空间的变化过程中也积极营造着与之相关联的时空。比如登山健身与公园中散步大不相同，走路人人都会走，在公园中来回走走，看似运动了很长时间，但实际上没有登山的一半时间消耗的量大。起初登山的时候，我真的很害怕，我有恐高症，随着海拔的升高，往下看，心跳就会加速，手脚发抖发软，变得有点缩手缩脚，这时候就会很折磨人。

有位健步走登山者说：我时常在傍晚时分前往北山进行登山健身，每次当太阳悄悄落下，我就一直望着它，与它一同前行，我时常伸手"触摸"它,感觉自己真的能触摸到它。这时候就会觉得大自然太奇妙了,人太渺小了。

三、锻炼的感官体验

感官体验即通过恢复身体的感知能力(听觉、视觉、触觉、味觉、嗅觉等)去还原身体的真实体验,而不仅仅把身体作为一个简单的、抽象的、被动的研究文本。在日常生活中,我们并不会过多地去关注自己的感观感受,因为这些感官体验都习以为常了,但是当我们进入到一个特定的全新的健身环境里,感官则是我们认识新世界最灵敏的工具。登山步道、健身中心中的新鲜事物不断通过视觉、听觉、嗅觉、触觉、味觉以及对身体其他器官的刺激,给健身者带来不同于日常生活的知觉体验。

四、科技装备改善体验

运动手表、智能手环等智能穿戴装备的产品功能不断完善,可以监测更多健康信息,已经从最初的计步、运动监测走向健康辅助产品了,这个趋势也改变了智能穿戴产品的功能运动耳机。据研究 2015 年健身人群的剧增和智能穿戴装备快速更新有关。购买使用功能服装等专业的装备能让跑步变得轻松有趣,体验和心情更好。

 健身故事(10-1)

50 岁的健身女性刘叶琳

一个女人,风雨无阻地坚持运动 20 年有多可怕。岁月让步年龄,对刘叶琳来说只是一个数字而已。她从 30 岁开始健身、练瑜伽,20 年风雨无阻地坚持运动。要问 20 年的坚持对女人的改变有多大,看看 50 岁的她的背影你就知道了。别说 50 岁了,20 岁的自己都不敢想象能有这样的魔鬼身材。身材好过少女的刘叶琳,在商业街总是能成为街拍的对象,跟儿子走在一起还时常被误认为是情侣。50 岁的刘叶琳在同龄人眼里是个"另类"，因为她太能"折腾"了，没有一点这个年龄该有的样子，但是她可不这么认为，谁也不能决定她该怎么活。

坚持健身、瑜伽，积极且热爱生活，看着自己变美、变年轻，这就是属于她的生活。其实，前半生的刘叶琳并没有像现在活力满满。到30岁时她还是一个普通的图书管理员，气质温柔，文艺十足。偶然的一天，她翻开时尚杂志，便被杂志里的健美女郎所吸引，看着照片里的女人小麦色的皮肤、凹凸有致的线条，她第一次感受到原来女人还能这样美！此时的她并不知道20年后50岁的她也成了杂志里的健美女郎，上了各大健身杂志版面的头条。

那时被杂志里健美女郎性感的身材震惊之后，刘叶琳有了健身的念头。她想：我可不可以也像她们一样变得性感而健美？于是她开始运动，运动中的困难有很多，她也想过放弃，但最后她坚持了下来。20年之后，50岁的刘叶琳不仅没有变老，反而重获新生。越来越多的人知道了刘叶琳健身的故事，惊叹于她的年轻和美貌，也感慨她20年的不懈坚持和创造的"不老神话"。

她摇身一变，从当年的普通图书管理员变成人人敬佩的健身达人，接着就成为震撼全国的"十大健身人物"。这20年她没有做什么改变世界的大事，她只做了一件事，那就是改变自己，让自己变得更美。她用自己20年的坚持改变了自己的人生轨迹，让自己成为红遍健身界的"不老女神"，登上一个个舞台，录了很多节目，也让自己越来越有优秀的资本。

来自德国、英国的记者不远万里，扛着摄像机找她做专访。她被英国《每日邮报》称为"全球辣妈"和"全世界最年轻的妈妈"。一时间50岁"不老女神"，刘叶琳成为全球健身界的偶像。她热爱健身、热爱瑜伽，但是她没有停下前进的步伐。她开始挑战自己，挑战了常人不敢想象的极限运动。她横渡马六甲海峡，一口气游了3小时50分，跨越了12千米。她学会了骑马，在跑马场上尽情驰骋。她还参加了骑行越野比赛，还学会了射箭，在零下35摄氏度的哈尔滨练习户外瑜伽。热爱游泳的她，自然也少不了去体验一番冬泳，顺便还拍摄了一组雪地写真，发到网上后又在网络上炸了锅。在俄罗斯贝加尔湖，她跟着战斗民族的人民一起凿开大冰洞，进行了深潜。她跟着一帮探险队，玩溪降在海拔几十米的山崖上，跟着瀑布一起落下……她去热带丛林，学会了爬树，直接就挑战几十米高的大树。爬树不过瘾，她又去探洞，下过海、入过地，接着她又"上天"，去美国挑战了高空跳伞。

许多人担心她，毕竟年龄摆在那儿，不要折腾了。但是多年坚持运动的她，身心才不是 50 岁。她说每个人都有变美的权利和潜力，我们要过得从来都不是被别人眼光捆绑的生活，也不是精细琢磨、百般权衡利弊的日子，我们要的就是最勇敢的尝试，成全自己，做最满意的自己。

管理好自己的身材和容貌，才能管理好人生。当你下定决心的时候，从何时开始都不晚。人生百年，活成什么样子，最终决定权在自己手里。别再羡慕别人的魔鬼身材、不老容颜了，你觉得红颜易老，那是你流汗不够多。你流过的每一滴汗，都是对抗衰老的子弹。刘叶琳说，"努力这个词太平庸，但努力将会使你的人生不平庸；无趣的从来不是这个世界，而是我们没有坚持有趣的活法"。

第四节　减少健身风险

健身运动作为增强体质、促进健康的一种行之有效的手段日益受到大众关注。然而运动健身伴随风险，甚至一定程度上运动伤病不可避免。近年来，随着群众体育事业的蓬勃发展和人民健身热情的日益高涨，运动性损伤、运动性疾病甚至运动性猝死等健身风险事件时常发生。极简健身非常关注运动带来的风险和威胁，保障健身过程中的身心健康乃至生命安全。

一、健身伤病处理

大众健身运动中运动损伤的发生不可避免，那么如何及时、正确、有效地对其进行处理就显得尤为重要。通过对常见运动损伤处理及预防措施的介绍，希望对广大健身爱好者有所帮助，不仅使其具备预防和处理运动损伤的基本知识，而且从全民健身角度出发对降低运动损伤的发生率、保证运动锻炼的质量、提高广大体育运动爱好者的体育保健知识水平、增强国民体质、增进健康、促进全民健身运动的进一步健康发展有着重大意义。

（一）常见运动损伤及处理办法

1. 擦伤的处理及预防措施

擦伤，即皮肤的表面受粗糙物摩擦所引起的损伤。小面积擦伤用红药水或紫药水涂抹，无须包扎。面部擦伤宜涂抹 0.1% 的新洁尔灭溶液。关节部位的擦伤一般不用裸露治疗，否则结痂干裂影响运动，可用消炎软膏涂抹后包扎。如果擦伤创面较脏或有渗血时，应用生理盐水清创后再涂上红药水或紫药水。

2. 肌肉拉伤的处理及预防措施

肌肉拉伤，指肌肉主动强烈收缩遇阻或被动过度拉长而引起的肌肉损伤。原因：肌肉训练不足，弹性和力量较差；前后肌群力量发展不平衡、肌力弱；准备活动不当；疲劳或过度负荷使肌肉能力降低，力量减弱，协调性下降等情况易发生拉伤。症状：肌肉拉伤时，有的伤员可听到响声，受伤后也可感到肌肉痉挛或酸痛，伤部疼痛、压痛、肿胀，可有肌肉痉挛，触之发硬及功能受限。处理：轻度拉伤时局部冷敷、加压包扎、抬高患肢或使肌肉处于放松状态48小时后开始按摩或针灸理疗。预防：加强易伤肌肉力量和伸展性练习，使伸、屈肌组力量达到相对平衡，充分做好准备活动。

3. 踝关节扭伤的处理及预防措施

踝关节扭伤在日常生活和体育运动中非常多见，发病率在各关节韧带损伤中占首位。原因：道路或场地不平、碰撞或跳起落地时失去平衡，使踝关节过度旋前或旋后造成踝关节韧带扭伤。症状：伤后踝关节外侧或内侧疼痛、压痛、肿胀、活动受限，伤后 2～3 天皮下有明显瘀斑。处理：伤后立即休息、冷敷、加压包扎，抬高患肢，外敷新伤药，重者外翻或内翻固定。两天后，可在关节周围进行按摩。亦可配合理疗、针灸和药物治疗等。预防：平时注重提高足踝的肌肉力量练习和踝关节的稳定性，运动前做好充分准备活动，搞好场地设施，培养和提高自我保护能力。

4. 急性腰扭伤的处理及预防措施

急性腰扭伤就是我们通常说的"闪腰"。在形体锻炼时，急性腰扭伤大多由于负重运动或体位变换引起。原因：腰部用力超过腰部软组织的生理负荷量造成程度不同的纤维断裂或小关节微动错缝。症状：受伤时可感到腰部有"撕裂"感或响声。伤后腰部有不同程度的肿胀、疼痛、瘀斑。①肌肉轻度扭伤：患处隐痛，随意运动受限；损伤较重时，疼痛显著，脊柱不能伸直，因肌肉痉挛会引起脊柱生理曲线改变。②腰椎韧带拉伤：受伤时即感到局部突然疼痛，过度前弯腰时疼痛加重，腰伸展时疼痛较轻。处理：①急性疼痛期应卧平板床休息，腰部垫薄枕以放松腰肌，轻度扭伤需休息2～3天，较重扭伤需休息1周左右。②按摩和针灸治疗，先用按摩缓解肌肉痉挛和疼痛，然后用穴位按摩或针灸，点按或针刺肾俞、环跳、委中、阿是穴等穴位。③还可用治疗闭合性软组织损伤的其他疗法如理疗、中西药物治疗、封闭等，均有比较好的疗效。

预防：形体锻炼前要做好准备活动，加强腰背肌力量练习，并重视腰腹肌力量的平衡性练习，经常进行腰部自我按摩和功能锻炼等。

5. 腕部扭挫伤的处理及预防措施

腕部扭挫伤是非常多见的腕关节闭合性损伤，如运动时不慎摔倒，手撑地面引起，还有当进行手部的对合性运动时也会引发，例如掰手腕。

原因：在暴力作用下，腕关节发生超正常活动范围的运动，引起关节内或外的软组织损伤。症状：轻者关节被牵引受伤侧活动痛和压痛、无肿胀、活动障碍不明显。重者伤处肿胀、疼痛、压痛、皮下有瘀斑、腕关节活动受限。

处理：①手法治疗。扭挫伤初期，肿胀、压痛不明显时，轻缓地按摩、揉、捏腕部后，拿住拇指及第1掌骨左右摇晃3～6次，拔伸2～5指，使痉挛得以松弛后，屈伸腕部，理顺筋络。②固定疗法。经以上处理后，特别是受伤较重者要用托板将腕关节固定在功能位上，3周后去除固定。③还可选用超短波、红外线等理疗方法及内服外用的中西药物配合治疗。

预防：加强腕部力量练习，运动时尽量避免受伤动作的出现，提高自我保护意识。

6. 膝关节急性损伤的处理及预防措施

膝关节是人体最大、最复杂的关节。内部有前、后交叉韧带，两侧有内、外侧副韧带，后面有腘韧带，前面有髌韧带。关节腔里有两块半月板，关节周围还有很多的滑囊。膝关节急性损伤是跑、跳运动的常见损伤。一旦发生急性闭合性损伤，除了要在第一时间休息，对伤处冰敷、抬高患肢、加压包扎外，最好还是及时去医院就诊，以免拖延病情，造成不必要的损失。膝关节损伤的预防：加强下肢肌肉的力量练习，以确保膝关节的稳定性。加强关节灵活性和协调性的训练，运动前应充分做好准备活动。

（二）运动损伤的预防

从思想上要高度重视运动损伤的预防，杜绝麻痹大意思想，对预防的意义应有充分的认识。只有掌握运动损伤发生的规律，及时总结经验，才能最大限度地减少或避免运动损伤，从而保证体育运动参加者的身体健康。

1. 锻炼方法科学合理

要掌握正确的方法，科学地安排运动量。对于不同年龄、性别、健康水平的人，锻炼时应因人而异、循序渐进，不可以只是 3 分钟热度。定期的运动是很重要的，决定每星期的运动次数，3 次以上是理想的频率。不过对于刚开始运动的人，可以先从一星期一次，然后再依自己的体能，渐渐调整到最好的状态。每个人的身体状况、平时运动量等各有不同，所以在健身锻炼时，尤其是在健身房锻炼，应根据个人情况，不要盲目效仿他人，对难度大、幅度大的动作不追求一次到位，否则，极易造成运动损伤。锻炼的频度为每周 3 次，每次锻炼的时间不少于 30 分钟，运动中心率+年龄应该在 170 次/分钟，这是运动中的"三三七"原则，要合理安排运动量，切忌急于求成。

2. 准备活动充分

运动前一定要做好充分的准备活动。准备活动要有针对性，加强对易伤部位的防患措施。注意各个小关节的活动。准备活动还应增加一些专项素质的内容，这样可以有效地减少运动损伤的发生。

3. 加强相互保护和帮助

提高自我保护能力，如摔倒时立即屈肘、低头、团身，以肩背着地，顺势滚动，而不能直臂撑地。在身体不适或有病时尽量少参加运动。

4. 重视运动装备的安全和卫生

锻炼者的服装、鞋子要符合运动项目的特点与运动的环境。选择运动服合身很重要，要能适应该运动项目的动作技巧，身体伸缩、跳跃、走、停、跑；手脚动作的舒适度都要考虑到。尤其在运动鞋的选择方面，不同的运动项目有不同的运动特点，不同项目的运动就要选择不同的专业运动鞋，运动鞋应该能符合特定的生物力学需求。合适的运动鞋可以降低 30%的受伤风险。

5. 加强易伤部位和柔韧性的锻炼

运动中肌肉、关节囊、韧带等软组织的损伤较为多见。增强股四头肌的力量，可以防止膝关节损伤；防止肩关节损伤应加强三角肌、肩胛肌、胸大肌和肱二头肌的锻炼。因此有意识加强易伤部位的锻炼，对预防损伤也具有重要作用。柔韧性的锻炼可以防止关节退变，减少肌肉疲劳，扩大关节韧带的活动范围，有利于提高身体的灵活性和协调性，在发生意外事故时能避免和减轻损伤。

6. 建立个人运动处方

运动处方是针对个人的身体状况而采用的一种科学的体育锻炼方法，是人们有目的、有计划和科学地锻炼的一种方法。由于个体情况千差万别，了解自己身体的状况，确定自己需要的是什么。运动参与者要加强对运动保健知识的了解，增强自我保护意识，才能避免运动造成的各种伤害事故发生。

二、防止运动倦怠

倦怠这一概念越来越频繁地出现于运动领域中，研究者提出了很多识别运动员倦怠的表现症状。这些症状主要包括生理、心理-认知-情绪和外显行为 3 个方面。处于倦怠状态下的运动员会出现各种生理性的反应症状，如血压升高、体重下降或增加、睡眠模式紊乱等。此外，运动者还可能会出现慢性肌肉疲劳和食欲下降等生理性症状。当你想要开始训练时充满干劲，却发现你的身体跟你抗议，膝盖酸到不行或是背部做普通动作都有疼痛感。有时你可能已经让你的身体受伤了，而很有可能是你休息过少，没有足够的修复时间。

首先，我们要知道我们的生理在运动时会发生什么事情。在前面肌肉生长的机制中提到，肌肉成长的过程是先破坏，经由营养的补充修补造就更强大的肌肉，但恢复的时间是多久?情况有很多种，所以你要对自己的身体有足够的认识，在你受伤之前可以看看什么样是你休息不足的警讯，例如总是肌肉酸痛。当然，在激烈的训练后，有轻度的酸痛是很正常的，尤其当你还是新手时，疼痛感会特别显著。不过假设你已经不是一个新手，却一直保持着酸痛的感觉，那么有可能你已经过度训练了。建议每个肌肉群的休息时间在24～48小时，如果过了这段时间还在酸痛，建议你跳过这次的训练，让肌肉休息。

总觉得身体疲累或者情绪不稳定。情绪不稳定、容易沮丧或者疲累，可能也是过度训练所造成的。我们都听说过，运动会让人开心一些，因为身体分泌脑内啡，一种导致情绪快乐的因子，可以抗忧虑。但脑内啡常常伴随着皮脂醇，过多皮脂醇导致情绪不稳定，影响心情稳定。

心跳不稳定。如何知道心跳稳不稳定，就是测量心跳。每个人都有自己一个正常的心跳范围，只要过高或是过低都有可能是过度训练的结果。当你觉得自己过度疲累时，可以监测一下自己的心跳，看看自己是不是过度训练了。

活动度降低/身体僵硬。可能你也有过下背突然的不适以及僵硬，让你躺着也不舒服、坐着也不舒服的时候，很有可能是你的训练量已经超过肌肉的负荷，远来不及修补导致受伤。不只是重量训练，骑脚踏车或是路跑都有可能会有这些问题。解决这些问题的推荐方式，是常拉筋伸展，或是使用滚筒按摩将肌肉放松，保持肌肉的弹性以及健康。

防止未来出现运动倦怠的策略包括以下几方面。①仔细审查锻炼方案，确保同一肌肉群每周锻炼不超过2次。例如，你可以一天练腿，另一天锻炼上半身的肌肉群，这就让肌肉有足够的时间得到恢复和休息。②每次锻炼前后都做拉伸运动，在训练日用镁盐泡澡，偶尔做个按摩。③不要把休息日看作被浪费的一天。休息日并不意味着你可以整日坐在沙发里玩手机游戏。积极性的休息格外重要，散步、低强度的有氧运动都是积极性的休息的完美范例。④合理安排饮食。碳水化合物是能量的重要来源，而肌肉修复少不了蛋白质；两者缺一不可。⑤保证充足、高质量的睡眠。每天在同一时间就寝和起床，对身体恢复的帮助作用非常大。

运动倦怠是健身运动过程中普遍存在的心理现象，它对健身者的运动生涯有着不良影响。研究认为，未来这一领域应加强以下几个方面：

加强心理指标、生理指标和行为指标相结合的方法对健身者倦怠进行测量；加强情境与人格的交互作用在预测运动者倦怠中的研究；加强预测变量组合相关性的研究，探讨各类预测变量的结构关系及其对健身者倦怠的影响，更客观、全面地反映对健身者倦怠产生影响的心理机制。

人人都渴望拥有傲人的身材和强健的体魄，健身锻炼是最直接也是最有效的一个方法，这就要求人们持之以恒。怎样做到持之以恒呢？首先，不要选择自己讨厌的、不能接受的健身项目。人们都有这个倾向，做喜欢做的事情时，会觉得时间过得很快；做不喜欢做的事情时，会觉得时间过得很慢。只有选择自己喜欢的健身项目才更容易坚持下去。其次，不要选择难度过高的健身项目。健身伊始，人们对自己的预期总是过高的。干瘦的人希望通过健身很快练出肌肉，肥胖的人希望过度运动立刻瘦下来。在这种心理下选择的健身项目一般都难度过高，不适合自己，容易给人带来挫折感，打消运动的积极性。再次，不要追求立竿见影的效果。参加健身运动的人们总是会比较自己的形体或者力量与健身之前有何不同，但健身锻炼是一个长期的过程，健身的效果不可能立即反映在你身上。所以不要急于求成，这样会造成耐心的消失，容易半途而废。最后，要增强自己的心理技能。其包括以下方面：增强自我评价能力，设立既具挑战性又具现实性的目标；增强应对压力和挫折的技能；提高人际交往技能，改善人际环境；掌握自我放松技术。

三、保障健身安全

体育运动存在一定的风险。在体育运动中，无论是专业的运动员，还是业余的体育运动爱好者，在运动过程中都会有各种各样的安全事故发生，尤其是运动员无意识的安全事故的监控与报警。这种安全事故发生对运动员的伤害很大，需要及时采取救护措施。这样既可以保障运动者的运动效果，也能有效地解决运动者在运动过程中的安全问题。

健身锻炼忌锻炼后大量饮水。夏季锻炼出汗多，如这时大量饮水，会给血液循环系统、消化系统，特别是心脏增加负担。同时，饮水会使出汗增加，盐分则进一步丢失，从而引起痉挛、抽筋等症状。忌锻炼后立即洗冷水澡，因为夏季锻炼体内产热量增加快，皮肤的毛细血管也大量扩张以利于身体散热，突然过冷刺激会使体表已开放的毛孔突然关闭，造成身体内脏器官紊乱，大脑体温调节失常，以致生病。忌锻炼后大量吃冷饮。体育锻炼可使大量血液涌向肌肉和体表，而消化系统则处于相对贫血状态，大量的冷饮不仅降低了胃的温度，而且也冲淡了胃液，轻则可引起消化不良，重则会导致急性胃炎。

（一）体育运动应该注意的安全事项

1. 运动前准备好

检查自己的身体情况。参加体育运动，首先要了解自己的身体状况，要学会自我监督，随时注意身体功能状况变化，若有不良症状要及时向教师反映情况，采取必要的保健措施。患有心脏病、高血压等疾病的学生，要禁止其参加长跑等长时间剧烈运动的项目锻炼。

检查场地和运动器材。要认真检查运动场地和运动器材，消除安全隐患。要注意场地中的不安全因素，如场地是否平整，清除石头、土块；检查沙坑的松散度，是否有石子、杂物等；检查体育设施是否牢固安全可靠、器材的完好度等。不冒险，确保自身安全。

做好运动准备。要穿运动服装、运动鞋，不要佩戴各种金属的或玻璃的装饰物，不要携带尖利物品等。做好热身准备活动。

2. 做热身准备活动

做运动前热身准备活动，就是要克服内脏器官在生理上的惰性，以减低运动伤害发生的机会。如果突然进行剧烈运动，就会出现心慌、胸闷、肢体无力、呼吸困难、动作失调等现象。

运动前不重视做准备活动或准备活动做得不充分、不正确、不科学，是引起运动损伤的重要原因。准备活动不充分，肌肉、内脏、神经系统未充分进入工作状态，肌肉供血量不足，在这样的身体状态下进行活动，动作僵硬、不协调，极易造成运动损伤，甚至导致伤害事故。

3. 运动时讲科学

要掌握动作要领。在体育运动中，了解和掌握动作要领及方法，不仅能够在运动过程中做好技术动作，达到体育锻炼的目的，而且能消除心理上的恐惧，增强自信心，避免不必要的伤害。

要正确使用器材。要了解和掌握器材的性能、功能及使用方法。要严格遵守相关操作规程，在一些体育器械（如铅球、实心球等）的使用中，要注意选择适当场地，确保自身安全，同时还要注意不要伤及他人安全。

运动负荷要适当。参加体育运动要根据身体素质条件，选择最有利于增强体质的运动负荷。可循序渐进，由易到难，从小到大。负荷过小，对身体作用不大；负荷过大，会损害身体；只有适宜的运动负荷，才能有效地增强体质，提高健康水平。

4. 运动后注意恢复

健身者认真做恢复放松活动。恢复整理活动的目的就是使人体更好地从紧张运动状态恢复到安静状态，使心脏逐渐恢复平静，放松身心。如果突然停止运动，就会造成暂时性的贫血，产生心慌、晕倒等一系列不良现象，对身心健康造成损害。

自我检查运动反应。如果感到十分疲劳，四肢酸沉，出现心慌、头晕，说明运动负荷过大，需要好好调整与休息。运动后经过合理的休息感到全身舒服，精神愉快，体力充沛，食欲增加，睡眠良好，说明运动负荷安排比较合理。

适当补充能量。参加体育运动要消耗大量的能量，所以在运动后（运动前也应适当补充能量）要科学饮食，保证身体的需要，确保取得最佳的锻炼效果。半小时至 1 小时后进餐；避免喝含有咖啡因的饮料；5～10分钟后饮水。

体育运动安全口诀：体育运动到操场，检查场地和器材；运动服装先换上，手表饰品要摘掉；运动前要做热身，活动四肢扭扭腰；运动前后喝点水，剧烈运动要适量；遵守规则讲文明，杜绝危险动作；运动全部结束后，做好恢复整理。科学而安全地进行体育运动，可以增强体质，愉悦身心。相反，体育运动如果做不到科学、合理、安全，就不能达到运动目的，运动不当还会对人体造成伤害。因此，我们懂得一些体育运动安全常识，掌握一定的安全防范知识，养成良好的安全运动习惯，有助于达到健康身心的目的。

（二）常见基本运动的安全防护

1. 跑步健身安全

正确的跑步姿势是头部与躯干保持正直，身体放松，抬头，眼睛正视前方，手臂自然下垂，手指轻握指向身体中线。脚跨步向前踩下时刚好是在身体重心的正下方。正确的跑步姿势的先决条件是具备适当的肌肉力量。可通过仰卧起坐、高抬腿、交互蹲跳、引体向上，维持良好的身体姿势以及获得有效的跑步动作。

有的人跑步的步幅太大，也就是当脚跨步向前踩时，脚着地瞬间的位置是在身体重心的前方。不论体型如何，每个人都有他适宜的步幅长度，其方法是靠经常的练习与尝试修正。还有一些常犯的错误动作包括：脚踩地时，脚尖向内或向外；身体弹跃的动作过分明显；手臂摆振太大或成左右方向摆动。跑步动作，应该是力求舒展自然，并且将所有过分强调的动作减至最低程度。千万不要用脚尖跑，这也是一般初学者常犯的错误。当脚尖每次接触地面时，小腿肌肉和脚跟腱承受相当大的负荷，长时间下来，小腿会有疼痛现象。以耐力型的长跑来说，以脚跟或全脚掌着地的方式才合理。正确的跑步方法还包括正确的呼吸搭配和强度控制。呼吸的搭配对跑者的速度控制相当重要，用步数搭配呼吸是不错的做法。维持均速时以 2 步吐气、2 步吸气，加速时以 3 步吐气、3 步吸气，耗氧量大时以 2 吐 2 吸为原则。

2. 足球运动的安全

足球运动由于跑动较多，技术动作幅度以及出汗量都较大，所以参加锻炼时应身着宽松合体、透气吸汗的运动服装，球鞋应选用合脚防滑的足球鞋。除了参加正式比赛外，平时锻炼不宜穿硬钉足球鞋，以防止对自己或他人造成不必要的损伤。

尽量不要在场地设施不符合要求的地方进行锻炼。场地不平、碎石及杂物多（跑道、沙坑），容易造成踝关节扭伤、骨膜损伤、跟腱拉伤等。运动开始时，要先做一些较缓和、运动量较小的热身运动，使身体在进入剧烈运动前有一个准备过程，待心率和体温上升时，再逐渐增加运动的强度和速度，这样既有助于肌肉的活动效率和关节的润滑，又可以防止运动损伤。

夏天锻炼时，在运动间歇要适当补充水分。不要在感到口渴时再饮水，机体容易处于轻度脱水状态。运动后可以喝少量的运动饮料或淡盐水，以多次少饮逐渐补充为宜，切莫一次大量饮水。虽然足球运动是一项"全天候"的运动项目，但要尽量避免在恶劣的天气下锻炼。高温湿热时要注意防止中暑、抽筋或虚脱。低温潮湿时要注意保暖以防止冻伤。黄昏、黎明因光线不足，能见度低，神经反应迟钝，兴奋性降低，极易发生损伤。天雨地滑也是引起损伤的原因。

（三）老年人运动锻炼保障安全

加强医务监督，确保锻炼安全。过去不太进行体育锻炼的老年人，在运动前需要进行身体检查，及时发现潜在的疾病和危险因素，确保运动安全，也有利于制订科学的运动处方。

选择合适锻炼项目，长期坚持活动。老年人在选择锻炼项目时，要结合自身的生理特点、健康状况、锻炼目的以及个人兴趣加以综合考虑。首先要选择轻松、有趣、便于坚持锻炼，并且是自己喜爱的活动。其次要选择动作柔和连贯、缓慢均匀的活动，如慢跑、散步、太极拳、健身气功、广播体操、老年健身操、钓鱼、放风筝、门球等有氧运动。

掌握适度运动量，有规律地锻炼。"靶心率"被认为是获得最佳效果并能确保安全的运动心率。计算的公式是：靶心率=（220-年龄）×（65%～85%）。但是，由于个体差异较大，靶心率只能作为参考。根据一般经验，锻炼后，微微出汗，人感到轻松、舒畅，食欲、睡眠良好，次日体力充沛，这说明运动量较为理想；锻炼后，大量出汗，心悸气短，头晕眼花，食欲、睡眠欠佳，次日感到周身乏力，不想运动，说明运动量稍大了，需要调整；锻炼后，身体无发热感，脉搏也无明显变化，说明运动量小了，需要适当增加。老年人的健身活动要有规律，每周不少于3次，每次30～60分钟为宜。刚开始锻炼，运动量可以小些，逐步增加。

重视准备活动和运动后的调整。年龄越大，锻炼前的准备活动越重要，10分钟左右适宜的准备活动（如伸展运动、慢走）可以起到保护心脏、肌肉和关节的作用。运动结束后，不要突然停止，如跑步运动后，至少慢走2分钟，使身体逐渐恢复到基础水准。如出了汗，有条件的话可以洗个澡，有利于促进血液循环和疲劳恢复。

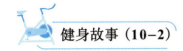

健身故事（10-2）

医学家胡大一健身故事

运动史

胡大一，男，1946年7月出生于河南开封。他现任国际欧亚科学院院士、同济大学医学院院长、北京大学人民医院心研所所长，著名心血管病专家、教授、医学教育家。2000年，胡教授的健康曾一度亮起红灯：体重达到92公斤，腰围110厘米；空腹血糖处于临界值，餐后血糖升高；甘油三酯超标；胆固醇低；还有脂肪肝。意识到自己存在健康隐患之后，他决定改变自己，选择了最省事的锻炼方式，随时随地走路，而且每天不能少于一万步，这一坚持就是17年。2003年，检查患有膝关节病。医院给他做过核磁，发现膝关节膝盖的软骨已磨损严重，甚至有人说可以考虑换除关节了。2004年，发现右跟骨骨刺，行走中右后脚跟有明显疼痛感；还有椎间盘滑脱，偶有行走中右腿发麻。现在右后脚跟骨刺引发的疼痛完全消失，腰椎间盘问题无明显加重的症状，膝关节很少有不适，行走健身17年，体重下降了22公斤，至今血压正常，膝关节病、脂肪肝都好了。

健身行为特点

胡教授将"日行一万步"定为自己每天必须完成的养生作业。时间一长，走路健身成为胡教授的一种习惯，哪天如果因为某种原因没有完成一万步，他还会觉得浑身不舒服了。胡大一教授还笑谈了一件趣事：某天晚上他已经睡下了，但是一看计步器上的数字显示还未到一万步，他翻来覆去睡不着，起床走路，完成一万步后才上床睡觉。胡大一教授即使开会间歇的几分钟，也会一个人在会场外走来走去，"最容易的锻炼就是走路"。无论何地，只要有楼梯，楼层不是很高，他总会选择爬楼梯。平常去上班，因为距离比较近，他总是步行去医院，去自己的办公室也不乘坐电梯，自己步行上楼，给自己争取运动的机会。走路是运动的最好方式，不仅简单经济，而且是一种有氧运动。有氧运动是以提高身体耐力为目标的轻中强度持续性运动，在这种运动中，氧气的供需保持着平衡。关于运动，胡大一说，要记住"1、3、5、7"四个数字：每天至少运动1次；连续运动不少于30分钟；每周确保运动5天；运动时的适宜心率为170。

健身认知观念

锻炼身体并不意味着一定要去健身房或购买特殊的运动设备。走路是一项伟大的运动，除了一双舒适的鞋之外，你不需要任何特殊装备。你的活动场所可以选在人行道、公园，甚至是大商场。不同年龄段的人在运动时间安排上是一致的。健身者开始轻松地走上5～10分钟。与其他运动一样，快走也要从慢速开始，在几分钟之内逐步加快，以帮助你的心脏和肌肉做好准备。然后大踏步前进，在走路的同时充分摆臂。在行走过程中要达到微微气喘但还能与同伴正常交谈的程度，就是合适的中低运动强度；一点气喘都没有，强度太低；上气不接下气，不能与同伴正常交谈，表示运动强度过大。如果稍一活动就气喘吁吁，则表明心脏已经开始老化。胡教授认为，运动后，体内的分泌产生的内啡肽能使人产生愉快感，运动也是抗抑郁、抗焦虑最好的"药"。坚持日行万步路，尤其走平路，对包括老年人在内的大多数人的膝关节是安全的。由于坚持运动，肌肉强有力了，对关节还有保护作用。跟骨骨刺随着走路可缓解疼痛症状。走路能改善心肺功能，预防骨质疏松，对血糖、甘油三酯、血压都有一定的降低作用。走路还能减缓工作压力，改善心理状态。

经验启发

胡教授结合多年的临床工作经验以及他自身受益的养生体验，总结出非常实用的"长寿秘诀"。他认为健康长寿的诀窍还是那4句老话：戒烟限酒、合理膳食、有氧运动、心态平衡。胡教授认为，这16个字做到了，坚持了，就等于吃了4颗"长寿丸"。建议中老年人多进行3种形式的运动：以有氧运动为主体，以抗阻运动和增加心脏与肌体灵活性的运动为辅。抗阻运动，年轻人以单杠、举哑铃、俯卧撑等运动为主，老年人则可以通过拉伸不同松紧度的橡皮带等方式锻炼肌肉。老年人的运动以健身为目的，重在连续。所谓连续，就是一口气做完，但不可剧烈。用170减去实际年龄，可以得到每个人运动过程中比较适当的心率数目。对中老年人来说，最值得提倡的运动就是走路，比跑步、爬山安全得多，尤其是对有过心肌梗死病史的患者，走路是对心脏影响最小、最安全的运动方式。并且，走路运动实施方便，无须过多条件和成本。

附　录
《全民健身指南》（2017 年版）

一、背景

进入 21 世纪以来，随着我国经济社会的快速发展，人们的工作和生活方式发生改变，居民身体活动量明显减少，身体活动不足是导致人体死亡的第四独立因素。体育活动已经成为增强国民体质、提高健康水平最积极、最有效、最经济的生活方式。

我国政府高度重视体育活动在增强体质、提高健康水平中的重要作用。1995 年，国务院颁布实施《全民健身计划纲要》；2007 年，国务院下发《关于加强青少年体育增强青少年体质的意见》；2014 年，国务院下发《关于加快发展体育产业促进体育消费的若干意见》；2016 年，国务院印发《"健康中国 2030"规划纲要》，对发展群众体育活动、倡导全民健身新时尚、推进健康中国建设做出了明确部署。

自 1995 年实施全民健身计划以来，我国群众体育事业蓬勃发展，各级体育行政部门积极落实《全民健身计划纲要》，青少年体育工作不断推进，体育活动意识明显增强；全国人均体育场馆面积达 1.57 平方米，经常参加体育活动的人口比例为 33.9%；老年人体育活动形式丰富多彩，生活质量提高。第六次人口普查数据表明，全国人均预期寿命为 74.9 岁。体育活动成为强身健体重要手段的社会氛围已经形成。

然而，我们应当意识到，体育活动在增强国民体质、提高健康水平方面的作用尚未充分发挥，距离健康中国的要求还有较大差距。国家相关调查数据显示，虽然我国经常参加体育活动的人口比例逐年增加，但居民超重率和肥胖率也持续增加，青少年耐力、成年人肌肉力量与耐力、老年人肌肉力量等指标的变化并不乐观，心血管病、糖尿病等慢性非传染性疾病的发病率呈上升趋势，体育活动在促进健康领域的诸多研究成果尚未充分应用于实践，多数居民在参加体育活动时有很大的盲目性。体育健身活动在增强体质、防控疾病方面尚有很大提升空间。因此，亟待从国家层面发布权威性的体育健身活动指南，引导居民科学地从事体育健身活动。

《全民健身指南》针对中国居民参加体育健身活动状况实际，系统归纳、集成国家"十五""十一五""十二五"相关研究成果，基于中国居民运动健身的实测数据编制而成。其主要包括体育健身活动效果、运动能力测试与评价、体育健身活动原则、体育健身活动指导方案等内容。

二、体育健身活动效果

我国古代就有通过导引术提高人体健康水平的文字记载。现代大量研究成果证实，经常参加体育健身活动，可以有效地增强体质、防治疾病、提高学习和工作效率。

（一）增强体质，提高健康水平

体质是指在遗传性和获得性的基础上表现出来的人体形态结构、生理功能和心理因素综合的、相对稳定的特征。体育健身活动可以提高人体的心肺功能、肌肉力量、柔韧、平衡和反应能力，改善身体成分，从而达到增强体质、提高健康水平的效果。

1. 提高心肺功能

心肺功能是影响体质与健康的核心要素之一。心肺功能低下可导致过早死亡风险增加。有规律的体育活动可以提高心脏收缩力量和肺活量，调节血压，改善血脂，对心肺功能产生良好影响，明显提高青少年、中年人、老年人的心肺功能和健康水平。

2. 改善身体成分

身体成分是指构成身体的各种物质及其比例，一般常用身体脂肪含量和肌肉重量及其比值表示。研究证实，过多的身体脂肪，尤其是腹部脂肪增多可诱发心血管疾病、代谢性疾病等。以有氧运动为主的体育活动可增加脂肪消耗,降低身体脂肪含量,增加肌肉重量,改善身体成分。

3. 增加肌肉力量

力量练习可以提高肌肉力量和肌肉抗疲劳能力,促进青少年成长发育,使体格更加强壮,预防因肌肉力量衰减出现的腰疼、肩颈痛等症状,提高身体平衡能力,防止老年人跌倒,维持骨骼健康,预防和延缓骨质疏松发生。

4. 提高柔韧性

柔韧性既是一种重要的运动技能,也是日常生活中重要的活动能力。有规律的牵拉练习可提高肌肉、韧带弹性,增加青少年身体活动范围,身体姿势优美,减少肌肉拉伤,预防和治疗中老年人关节性疾病。

5. 提高幸福指数

体育健身活动是心理干预的有效手段。体育健身活动可增加人体愉悦感,使人精神放松,缓解压力,形成良好心理状态,获得生理和心理满足感,使青少年充满朝气,中老年人充满活力,提高幸福指数。

(二)防治疾病,提高生活质量

体育活动可以提高人体各器官功能水平,增强机体免疫力,防治疾病,特别是对防治慢性非传染性疾病效果明显。慢性非传染性疾病包括心血管病、糖尿病、骨质疏松症等,是危害我国居民健康的重要疾病。有规律的体育活动可以有效地控制慢性非传染性疾病的诱发因素,预防慢性非传染性疾病的发生,同时也是治疗慢性非传染性疾病的有效手段,提高生活质量,减少生活方式不当、身体活动不足导致的过早死亡。

1. 心血管病

我国居民心血管病患病率呈持续上升趋势,心血管病死亡列城乡居民总死亡原因的首位。有规律的体育活动可以通过提高心脏功能和血管弹性、降低血压、减少炎症因子、调节血脂等途径,降低心血管病危险因素,有效预防心血管病发生,促进心血管病患者康复。

2. 糖尿病

糖尿病是常见的慢性疾病之一,以 2 型糖尿病最为常见。有规律的体育活动可以调节糖代谢,降低血糖,提高靶细胞对胰岛素的敏感性,有效地预防与治疗 2 型糖尿病,延缓并发症的发生、发展。体育活动可以增强糖尿病患者体质，提高糖尿病患者生活质量。

3. 超重和肥胖

超重和肥胖以体重增加为特征，通常用身体质量指数（又称 BMI，下统称 BMI）表示。超重和肥胖与多种慢性疾病有关，包括高血压、冠心病、糖尿病、某些癌症和多种骨骼肌肉疾病。预防和降低身体肥胖最有效的手段是体育活动和膳食平衡。体育活动是防控肥胖最积极的方法，可以帮助肥胖者控制体重、改善生理功能，防止减重后体重反弹，减少与肥胖相关的慢性疾病发生。

4. 骨质疏松

骨质疏松是以骨密度降低、骨组织微细结构变化，并伴随骨折易感性增加为特征的骨组织疾病。体育活动有助于增加骨量，改善骨骼结构，减缓年龄增大引起的骨量丢失，通过增强肌肉力量和平衡能力，预防跌倒，减少骨质疏松性骨折的发生风险。

5. 癌症

癌症，也称恶性肿瘤，位列我国居民总死亡原因的第二位。体育活动可以降低乳腺癌、结肠癌、肺癌和前列腺癌等多种癌症的发病风险，减缓癌症患者术后的治疗疼痛，提高癌症患者的生存率和生活质量。世界卫生组织估计，有超过 30% 的癌症可以通过体育健身活动干预达到预防效果。

6. 抑郁症

抑郁症，也称抑郁性障碍。近年来，我国抑郁症发病率呈上升趋势。体育健身活动可以改变大脑的化学成分，引起良好的情绪和状态反应，有效地预防抑郁症发生，并对轻度至中度抑郁症患者有积极的干预效果。

（三）提高学习和工作效率

体育健身活动可以提高人的认知能力，使人集中精力。有规律的体育健身活动可减少抑制性神经递质的释放，延缓中枢疲劳，对神经系统产生良好影响，有助于提高青少年学习效率和学习成绩，延长成年人有效工作时间，提高工作效率。

三、运动能力测试与评价

运动能力是指人体从事体育活动所具备的能力。本指南的运动能力测试与评价包括单项运动能力测试与评价、综合运动能力评价。人体在从事体育活动前，应对运动能力相关指标进行全面测试与评价，以便科学地制定个性化体育活动方案。在从事体育活动的不同阶段，应定期进行运动能力测试，以客观评价体育活动效果，确保体育活动安全有效。

（一）单项运动能力测试与评价

单项运动能力测试包括有氧运动能力、肌肉力量、柔韧、平衡和反应能力测试等。单项运动能力评价采用 5 分制，5 分为优秀，4 分为良好，3 分为中等，2 分为较差，1 分为差。

1. 有氧运动能力

有氧运动能力是反映人体长时间进行有氧运动的能力，与心肺功能密切相关。有氧运动能力强，表明心肺功能好。良好的有氧运动能力是身体健康的重要标志，经常参加体育活动，可以保持并提高人体身体的有氧运动能力。

最大摄氧量是评价有氧运动能力的重要指标，最大摄氧量测试与评价方法另文介绍。

2. 肌肉力量

肌肉力量是肌肉在紧张或收缩时所表现出来的克服或抵抗阻力的能力。肌肉力量测试指标包括握力、背力、俯卧撑、仰卧起坐、纵跳测试等。肌肉力量测试与评价方法另文介绍。

3. 柔韧、平衡与反应能力

1）柔韧是指身体活动时各个关节的活动幅度以及跨过关节的韧带、肌腱、肌肉、皮肤等组织的弹性、伸展能力。良好的柔韧性可以增加运动幅度，减少运动损伤。

2）平衡指维持身体姿势的能力，或控制身体重心的能力。平衡能力是静态与动态活动的基础。良好的平衡能力可以有效地预防跌倒引起的各种损伤。

3）反应能力主要是指人体中枢神经系统接受一定指令或刺激后，有意识地控制骨骼肌肉系统的快速运动能力，体现了神经与肌肉系统的协调性。

（二）综合运动能力评价

心肺功能是影响人体健康的最重要因素之一，有氧运动能力与心肺功能密切相关，因此，将有氧运动能力排在综合运动能力评价体系的首位，其权重为40%。

肥胖可诱发多种慢性疾病，成为公共健康的重要危险因素。BMI是反映身体肥胖程度的指标。鉴于BMI在体质与健康评价体系中的重要作用，且对运动能力有明显影响，因此，将BMI列入综合运动能力评价体系中，其权重为20%。

BMI计算公式为：体重（千克）除以身高（米）的平方［BMI=体重（千克）/身高2（米2）］。中国人BMI的正常范围为大于18.5，小于24，BMI等于或大于24为超重，等于或大于28为肥胖。BMI测试与评价方法另文介绍。

肌肉力量与运动能力、生活质量密切相关，其权重为20%。柔韧能力、平衡能力和反应能力的权重分别为10%、5%和5%。

根据不同单项运动能力指标在综合运动能力评价中的权重与系数，计算综合运动能力得分，计算方法为：综合运动能力得分=有氧运动能力得分×8+肌肉力量得分×4+BMI得分×4+柔韧性得分×2+平衡能力得分×1+反应能力得分×1。

综合运动能力评价采用4级评定：85分及以上为优秀、75分及以上为良好、60分及以上为合格、小于60分为较差。

四、体育健身活动原则

从事体育健身活动，必须遵循以下原则，养成良好的体育健身活动习惯。

（一）安全性原则

安全性原则是指在体育健身活动过程中，要确保体育活动者不出现或尽量避免发生运动伤害事故，是参加体育健身活动的首要原则。开始体育健身活动前，应进行身体检查，全面评价个人身体状况和运动能力，制定适合自己特点的体育健身活动方案。体育健身活动前要做好充分的准备活动，体育健身活动后要做好整理和放松活动。

（二）全面发展原则

全面发展原则是指在体育健身活动中，要使身体各部位都参与运动，使各器官系统的机能水平普遍得到提高，既要提高心肺功能和免疫能力，又要提高肌肉力量、柔韧等身体素质。因此，要选择全身主要肌群参与的体育健身活动项目，取得全面发展效果。

（三）循序渐进原则

循序渐进原则是指科学地、逐步地增加体育健身活动时间和运动强度。循序渐进原则强调要根据自己对体育健身活动的适应程度，逐渐增加运动负荷，使身体机能和运动能力不断提高，以取得最佳体育健身活动效果。

（四）个性化原则

个性化原则是指根据每个人的遗传特征、机能特点和运动习惯，制定个性化的运动健身方案。在制定运动健身方案时，要进行必要的医学检查和运动能力测试，以便了解每个人的具体情况，使运动健身方案更具个性特征。

五、体育健身活动方案要素

制定体育健身活动方案，主要考虑体育健身活动方式、体育健身活动强度和体育健身活动时间 3 个基本要素。

（一）体育健身活动方式

体育健身活动方式是体育健身活动者采用的具体健身手段和健身方法。根据不同体育健身活动方式的运动特征，可以将体育健身活动项目归纳为有氧运动、力量练习、球类运动、中国传统运动方式、牵拉练习 5 大类。

1. 有氧运动

有氧运动是指人体在氧气供应充足的条件下，全身主要肌肉群参与的节律性周期运动。有氧运动时，全身主要肌肉群参与工作，可以全面提高人体机能，是目前国内外最受欢迎的体育活动方式。有氧运动分为中等强度运动和大强度运动。中等运动强度主要包括健身走、慢跑（6～8千米/小时）、骑自行车（12～16千米/小时）、登山、爬楼梯、游泳等；大强度运动主要包括跑步（8千米/小时以上）、骑自行车（16千米/小时以上）等。中等强度的有氧运动节奏平稳，是中老年人最安全的体育活动方式。

人们在进行体育健身活动时，应将有氧运动作为基本的体育活动方式，以提高心肺功能、减轻体重、调节血压、改善血脂为主要目的的体育锻炼者，可首选有氧运动方式。

2. 力量练习

力量练习是指人体克服阻力、提高肌肉力量的运动方式。力量练习包括非器械力量练习和器械力量练习。非器械力量练习是指克服自身阻力的力量练习，包括俯卧撑、原地纵跳、仰卧起坐等；器械力量练习是指人体在各种力量练习器械上进行的力量练习。

力量练习可以提高肌肉力量，增加肌肉体积，发展肌肉耐力，促进骨骼发育和骨健康。青少年进行力量练习，可以明显改善自身体质，使身体更加强壮；成年以后，随着年龄的增长，力量练习应逐年增加；老年人进行力量练习，可以提高平衡能力，防止身体跌倒导致的各种意外伤害。

3. 球类运动

球类运动包括直接身体接触的球类运动和非直接身体接触的球类运动。前者包括篮球、足球、橄榄球、曲棍球、冰球等；后者包括排球、乒乓球、羽毛球、网球、门球、柔力球等。

球类运动的趣味性强，可通过比赛和对抗提高参与者的运动兴趣。球类运动都具有一定的专项技术要求，需要良好的身体素质作为基础。经常参加球类运动，可以提高机体的心肺功能、肌肉力量和反应能力，调节心理状态，是青少年首选的体育活动项目。

4. 中国传统运动方式

中国传统运动方式包括武术、气功等。具体活动形式包括太极拳（剑）、木兰拳（剑）、武术套路、五禽戏、八段锦、易筋经、六字诀等。

中国传统运动健身方式动作平缓，柔中带刚，强调意念与身体活动相结合，具有独特的健身养生效果。可以提高人体的心肺功能、平衡能力，改善神经系统功能，调节心理状态，且安全性好。

以提高身体平衡能力、柔韧性、协调性和改善心肺功能、调节心理状态为主要健身目的的人，特别是中老年人群，可以选择中国传统运动健身方式。

5. 牵拉练习

牵拉练习包括静力性牵拉练习和动力性牵拉练习。各种牵拉练习可以增加关节的活动幅度，提高运动技能，减少运动损伤。

静力性牵拉包括正压腿、侧压腿、压肩等；动力性牵拉包括正踢腿、侧踢腿、甩腰等。初参加体育健身活动的人，应以静力性牵拉练习为主，随着柔韧能力的提高，逐渐增加动力性牵拉练习内容。

不同体育活动方式的健身效果见表1。

表1　体育活动方式与健身效果

活动类别	体育活动方式	健身效果
有氧运动（中等强度）	健身走、慢跑（6~8 千米/小时）、骑自行车（12~16 千米/小时）、登山、爬楼梯、游泳等	改善心血管功能、提高呼吸功能、控制与降低体重、增强抗疾病能力、改善血脂、调节血压、改善糖代谢
有氧运动（大强度）	快跑（8 千米/小时以上）、骑自行车（16 千米/小时以上）	提高心肌收缩力量和心脏功能，进一步改善免疫功能
球类运动	直接身体接触的球类运动篮球、足球、橄榄球、曲棍球、冰球等；非直接身体接触的球类运动排球、乒乓球、羽毛球、网球、门球、柔力球等	提高心肺功能、提高肌肉力量、提高反应能力、调节心理状态
中国传统运动	太极拳（剑）、木兰拳（剑）、武术套路、五禽戏、八段锦、易筋经、六字诀等	提高心肺功能、增强免疫机能、提高呼吸功能、提高平衡能力、提高柔韧性、调节心理状态
力量练习	非器械练习：俯卧撑、原地纵跳、仰卧起坐等；器械练习：各类综合力量练习器械、杠铃、哑铃等	增加肌肉体积、提高肌肉力量、提高平衡能力、保持骨健康、预防骨质疏松
牵拉练习	动力性牵拉：正踢腿、甩腰等；静力性牵拉：正压腿、压肩等	提高关节活动幅度和平衡能力，预防运动损伤

根据运动健身目的推荐体育活动方式：

——以增强体质、强壮身体为主要目的的体育锻炼者，选择自己喜欢的、可以长期坚持的体育健身活动方式，如有氧运动、球类运动和中国传统健身运动等。

——以提高心肺功能为主要目的的体育锻炼者，应选择有氧运动、球类运动等全身肌肉参与的体育健身活动。

——以减控体重为主要目的的体育锻炼者，应选择长时间的有氧运动。长时间、中等强度的体育健身活动可以增加体内脂肪消耗，减少脂肪含量。长时间快步走、慢跑、骑自行车等是减控体重的理想运动方式。

——以调节心理状态为主要目的的体育锻炼者，应选择各种娱乐性球类运动和太极拳、气功等中国传统运动方式，以缓解心理压力，改善睡眠。

——以增加肌肉力量为主要目的的体育活动者，可根据自身健身需求和健身条件，选择器械性力量练习和非器械性力量练习方式。力量练习的效果与力量负荷和重复次数有关，一般大负荷、少重复次数的力量练习主要发展肌肉力量，小负荷、多重复次数的力量练习主要发展肌肉耐力。

——以提高柔韧性为主要目的的体育锻炼者，可选择各种牵拉练习，特别是在准备活动和放松活动阶段进行牵拉练习，既可以节省体育锻炼时间，又可以取得较好健身效果。各种有氧健身操、健美操、太极拳、健身气功、瑜伽等运动可以提高柔韧性。

——以提高平衡能力为主要目的的体育锻炼者，可选择各种专门平衡训练方法，包括坐位平衡能力练习、站位平衡能力练习和运动平衡能力练习。太极拳（剑）、乒乓球、羽毛球、网球、柔力球等运动也可以提高人体的平衡能力。

——以提高反应能力为主要目的的体育锻炼者，可选择各种球类运动，乒乓球、羽毛球、篮球、足球、网球等均可提高人体反应能力。

根据运动健身目的推荐的体育活动方式见表2。

表2　根据健身目的推荐体育活动方式

健身目的	推荐体育活动方式
增强体质，强壮身体	有氧运动、球类运动和中国传统运动等
提高心肺功能	有氧运动、球类运动等
减控体重	长时间有氧运动
调节心理状态	球类运动、中国传统运动
增加肌肉力量	各种力量练习
提高柔韧性	各种牵拉练习
提高平衡能力	中国传统运动、球类运动、力量练习
提高反应能力	各种球类运动

（二）体育健身活动强度

体育健身活动强度是制定体育健身活动方案的重要内容。强度过小，没有明显的健身效果；强度过大，不仅对健身无益，还可能造成运动伤害。

1. 体育健身活动强度划分

体育健身活动强度可划分为小强度、中等强度和大强度 3 个级别。

小强度运动对身体的刺激作用较小，运动过程中心率一般不超过 100 次/分，如散步等。

中等强度运动对身体的刺激强度适中，运动过程中心率一般在 100～140 次/分，如健步走、慢跑、骑自行车、太极拳、网球双打等。

大强度运动对身体的刺激强度较大，可进一步提高健身效果。运动中心率超过 140 次/分，如跑步、快速骑自行车、快节奏的健身操和快速爬山、登楼梯、网球单打等。

有良好运动习惯、体质好的人，可进行大强度、中等强度运动；具有一定运动习惯、体质较好的人，可进行中等强度运动；初期参加体育健身活动或体质较弱的人，可进行中等或小强度运动。体育锻炼者，在实施体育健身活动方案时，可根据自身情况，科学调整运动强度，以适应个体状况。

2. 体育健身活动强度监测

监测体育健身活动强度的指标有运动中心率、运动中呼吸变化和运动中自我感觉等。

1）用心率监测体育健身活动强度

体育健身活动强度越大，机体和心脏对运动刺激反应越明显，心率越快。一般常用最大心率百分数和运动中的实测心率监测体育运动强度。

最大心率是指人体运动过程中所能达到的最快心跳频率，用次/分表示。测定最大心率的方法有直接测定法和间接推测法。直接测定要在专门的测试机构采用递增负荷运动测试，需要专门的运动测试仪器和器材。

人体的最大心率与年龄有关，采用下列公式可以推算正常人群的最大心率：最大心率（次/分）=220–年龄（岁）。

体育健身活动时，心率在85%或以上最大心率，相当于大强度运动；心率控制在 60%～85%最大心率范围，相当于中等强度运动；心率控制在50%～60%最大心率范围，相当于小强度运动。

在体育健身活动过程中，当实测心率达到 140 次/分以上时，相当于大强度运动；心率在100～140 次/分范围，相当于中等强度运动，心率低于 100 次/分，相当于小强度运动。

2）用呼吸监测体育健身活动强度

体育健身活动引起人体呼吸频率和呼吸深度变化，可以根据运动中的呼吸变化监测运动强度。

呼吸轻松：与安静状态相比，运动时呼吸频率和呼吸深度变化不大，呼吸平稳，可以唱歌。这种呼吸状态下的运动心率一般在 100 次/分以下，相当于小强度运动。

呼吸比较轻松：运动中呼吸频率和呼吸深度增加，可以正常语言交流。运动心率相当于100～120 次/分，为中小强度运动。

呼吸比较急促：运动中只能讲短句子，不能完整表述长句子。运动心率相当于130～140 次/分，为中等强度运动。

呼吸急促：运动中呼吸困难，运动中不能用语言交谈。运动心率一般超过 140 次/分，为大强度运动。

3）用主观体力感觉监测体育健身活动强度

人体运动过程中的主观体力感觉可分为6～20 个等级（见附件 11），

小强度运动的主观体力感觉为轻松（9～10 级），中等强度运动的主观体力感觉为稍累（13～14 级），大强度运动的主观体力感觉为累（15～16 级）。

主观体力感觉等级与心率密切相关，运动过程中的主观体力感觉等级数乘以 10，即相当于运动中的心率（次/分）。如，运动中主观体力感觉等级数为 12，即相当于运动中的心率为 120 次/分。

体育锻炼者可以通过主观体力感觉控制运动强度。一般来讲，在进行中等强度有氧运动时，主观体力感觉为轻松或稍累。

体育健身活动强度划分与监测运动强度指标见表 3。

表 3　体育健身活动强度划分及其监测运动强度指标

运动强度	心率（次/分）	呼吸	主观体力感觉（级）
小强度	<100	平稳	轻松
中等强度	100～140	比较急促	稍累
大强度	>140	急促	累

3. 力量练习强度与健身效果

力量练习的负荷重量越大，表示运动强度越大。在进行力量练习时，常采用最大重复负荷（RM）表示负荷强度的大小。最大重复负荷是指在肌肉力量练习时，采用某种负荷时所能重复的最多力量练习次数。如一个人在做哑铃负重臂屈伸时，其最大负荷为 20 公斤，且只能重复 1 次，那么，20 公斤就是他的负重臂屈伸的 1 次最大重复负荷（1RM）。如果他能以 15 公斤的负荷最多重复 8 次负重臂屈伸，那么，15 公斤就是他负重臂屈伸的 8 次最大重复负荷（8RM）。在非器械力量练习时，一个人可以完成 8 次俯卧撑，相当于 8RM，以此类推。

力量练习负荷强度可划分为大强度、中等强度和小强度 3 个级别，力量练习强度与健身效果密切相关。

大强度力量练习，相当于 1～10RM，每种负荷重量的重复次数为 1～10次，每个部位重复 2～3 组，组与组间歇时间为 2～3 分钟。大强度力量练习主要用于提高肌肉最大收缩力量。

中等强度力量练习，相当于 11～20RM，每种负荷重量的重复次数为 10～20 次，每个部位重复 3 组，组与组间歇时间为 1～2 分钟。中等强度力量练习可以用于提高肌肉力量、增加肌肉体积。

小强度力量练习，相当于 20RM 或以上，每种负荷重量重复 20 次以上，每个部位重复 2 组，组与组间歇时间为 1 分钟。小强度力量练习主要用于发展肌肉耐力。

（三）体育健身活动时间

体育健身活动时间直接影响体育健身活动效果。运动时间过短，提高身体机能效果甚微；而运动时间过长，则容易造成疲劳累积，也不会进一步增加健身效果。对于经常参加体育锻炼的人，每天有效体育健身活动时间为 30～90 分钟。在参加体育健身活动的初期，运动时间可稍短；经过一段时间体育健身活动，身体对运动产生适应后，可以延长运动时间。每天体育健身活动可集中一次进行，也可分开多次进行，每次体育健身活动时间应持续 10 分钟以上。

有体育健身活动习惯的人每周应运动 3～7 天，每天应进行 30～60 分钟的中等强度运动，或 20～25 分钟的大强度运动。为了取得理想的体育健身效果，每周应进行 150 分钟以上的中等强度运动，或 75 分钟以上的大强度运动；如果有良好的运动习惯，且运动能力测试综合评价为良好以上的人，每周进行 300 分钟中等强度运动，或 150 分钟大强度运动，健身效果更佳。

六、一次体育健身活动的内容与安排

一次体育健身活动的内容应包括准备活动、基本活动和放松活动 3 部分，见表 4。

表 4　一次体育健身活动的内容及安排

活动构成	主要活动内容	活动时间（分）
准备活动	慢跑，牵拉练习	5～10
基本活动	有氧运动力量练习、球类活动、中国传统运动	30～60
放松活动	行走、牵拉练习	5～10

（一）准备活动

准备活动是指主要体育健身活动开始前的各种身体练习。准备活动的主要作用是预先动员心肺、肌肉等器官系统的机能潜力，以适应即将开始的各种健身活动，获得最佳运动健身效果，并有效地预防急性和慢性运动伤害。

准备活动的时间一般为 5～10 分钟，主要包括两方面内容。一是进行适量的有氧运动，如快走、慢跑等，使身体各器官系统"预热"，提前进入工作状态；二是进行各种牵拉练习，增加关节活动度，提高肌肉、韧带等软组织弹性，预防肌肉损伤。

（二）基本活动

基本活动是体育锻炼的主要运动形式，包括有氧运动、力量练习、球类运动、中国传统运动健身方式等，持续时间一般为 30～60 分钟。在一次体育健身活动中，需要选择合适的运动方式、控制适宜的运动强度和运动时间。在一周的体育健身活动安排中，体育健身活动者可以根据自身情况安排不同的体育健身活动方式和运动强度。不同体育健身活动方式的运动安排见表 5。

表 5　不同体育健身活动方式的运动强度、持续时间和运动频率

运动项目	运动强度	运动时间（分）	运动频率（天/周）
快走、慢跑、游泳、自行车、扭秧歌	中	30 分钟或以上	5～7
跑步、快节奏健美操	大	20 分钟或以上	2～3
太极拳、气功	中	30 分钟或以上	3～7
篮球、足球、网球、羽毛球、乒乓球	中、大	30 分钟或以上	3
力量练习	中	20 分钟或以上	2～3
牵拉练习	－	5～10 分钟	5～7

（三）放松活动

放松活动是指主要运动健身活动后进行的各种身体活动，主要包括

行走（或慢跑）等小强度活动和各种牵拉练习。体育健身活动后，做一些适度放松活动，有助于消除疲劳，减轻或避免身体出现一些不舒服症状，使身体各器官系统机能逐渐从运动状态恢复到安静状态。做一些牵拉性练习，有利于提高身体柔韧性。

七、不同阶段体育健身活动方案

（一）初期体育健身活动方案

刚参加体育健身活动的人，运动负荷要小，每次体育健身活动的持续时间相对较短，使身体逐渐适应运动负荷，运动能力逐步提高。刚开始体育健身活动计划时，应选择自己喜欢或与健身目的相符的体育健身活动方式。运动后要有舒适的疲劳感，疲劳感在运动后第二天基本消失。

体育健身活动初期，增加运动负荷的原则是先增加每天的运动时间，再增加每周的运动天数，最后增加运动强度。初期体育健身活动方案举例见表 6。

初期体育健身活动的时间约为 8 周，具体方案为：

——运动方式：中等强度有氧运动、球类运动、中国传统运动、柔韧性练习。

——运动强度：55%最大心率，逐渐增加到 60%最大心率。

——持续时间：每次运动 10～20 分钟，逐渐增加到 30～40 分钟。

——运动频度：3 天/周，逐渐增加到 5 天/周。

表 6　初期体育健身活动方案举例

活动内容	星期一	星期二	星期三	星期四	星期五	星期六	星期日
有氧运动	休息	走步 1000 米，心率 100 次/分以下	休息	蹬车 3000 米，心率 100 次/分以下	休息	郊游或登山 30 分钟	休息
力量练习							
基本描述		轻度牵拉		轻度牵拉		轻度牵拉	

续表

活动内容	星期一	星期二	星期三	星期四	星期五	星期六	星期日
基本描述		一般持续时间为 8 周，每周运动 3 天，每次 10～20 分钟有氧运动，3～5 分钟牵拉练习。每两周运动递增 3～5 分钟。第 8 周时，运动时间增加到 30～40 分钟					
自我感受评价		运动后有舒适感，精神愉悦					

（二）中期体育健身活动方案

从事 8 周体育健身活动后，人体基本适应运动初期的运动负荷，身体机能和运动能力有所提高，可进入中期体育健身活动阶段。在这一阶段，继续增加运动强度和运动时间，中等强度有氧运动时间逐渐增加到每周 150 分钟或以上，使机体能够适应中等强度有氧运动。中期体育健身活动的时间约为 8 周，具体方案为：

——运动方式：保持初期的体育健身活动方式；适当增加力量练习。

——运动强度：有氧运动强度由 60%～65%最大心率，逐渐增加到70%～80%最大心率；每周可安排 1 次无氧运动，力量练习采用 20RM 以上负荷，重复 6～8 次。

——持续时间：每次运动 30～50 分钟；如安排无氧运动，每次运动10～15 分钟；每周 1～2 次力量练习，每次 6～8 种肌肉力量练习，各重复 1～2 组，进行 5～10 分钟牵拉练习。

——运动频度：3～5 天/周。

在这一阶段，体育健身活动方案基本固定，逐步过渡到长期稳定的体育健身活动方案。中期体育健身活动方案举例见表 7。

表7　中期体育健身活动方案举例

活动内容	星期一	星期二	星期三	星期四	星期五	星期六	星期日
有氧运动	休息	快走 1000 米，慢跑 2000 米，最大心率 130～140 次/分	快走 3000 米，心率 110～120 次/分		休息	郊游或登山 45 分钟	快走 3000 米或蹬车 10 千米，心率 110～120 次/分
力量练习				力量练习 4 个部位 20～30RM			
牵拉练习		牵拉练习	牵拉练习	牵拉练习		牵拉练习	牵拉练习
基本描述	一般持续时间为 8 周，每周 3～5 天，每次 30～40 分钟，其中有氧运动 2～4 天，力量练习 1～2 天，每次运动后牵拉练习 5～10 分钟						
自我感觉与评价	运动后有舒适感，精神愉悦，体力增强。完成同样强度运动，身体感觉轻松						

（三）长期体育健身活动方案

当身体机能达到较高水平、养成良好体育健身活动习惯后，应建立长期稳定、适合自身特点的体育健身活动方案。长期稳定的体育健身活动至少应包括每周进行 200～300 分钟的中等强度运动，或 75～150 分钟的大强度运动；每周进行 2～3 次力量练习，不少于 5 次的牵拉练习。具体方案为：长期体育健身活动方案举例见表8。

——运动方式：保持体育健身活动中期的运动方式。

——运动强度：中等强度运动相当于 60%～80%最大心率，大强度运动达到 80%以上最大心率；力量练习采用 10～20RM 负荷，重复 10～15次；各种牵拉练习。

——持续时间：每次中等强度运动 30～60 分钟，或大强度无氧运动 15～25 分钟，或中等、大强度交替运动方式；8～10 种肌肉力量练习，各重复 2～3 组，每次进行 5～10 分钟牵拉练习。

——运动频度：运动 5～7 天/周，大强度运动每周不超过 3 次。

表8　长期体育健身活动方案举例

活动内容	星期一	星期二	星期三	星期四	星期五	星期六	星期日
有氧运动	休息	快走1500米，跑3000~4000米，最大心率140~150次/分		快走4000米或蹬车15千米，心率100~120次/分	快走1000米	郊游或登山60分钟	跑步4000米，心率140~150次/分
力量练习			6~8个部位，20次30RM，每个部位2~3组		6~8个部位，12~20RM，每个部位2~3组		
牵拉练习		牵拉练习	牵拉练习	牵拉练习	牵拉练习	牵拉练习	牵拉练习
基本描述	相对稳定的长期体育健身活动方案，每周3~7天，3~4天中等强度运动，1~2天大强度运动，每次运动30~60分钟，每周1~2次力量练习，每次运动后10分钟牵拉练习						
自我感觉与评价	运动后有舒适感，精神愉悦，体力增强。有氧运动能力、肌肉力量和柔韧能力不同程度提高。完成同样运动，身体感觉轻松						

参考文献

[1] 王正珍. ACSM 运动测试与运动处方指南[M]. 北京：北京体育大学出版社，2019.

[2] 扎伊科. ACSM 老年人科学运动健身[M]. 王志强，李丹阳，李建亚，译. 北京：人民卫生出版社，2017.

[3] RATAMESS N. ACSM基础肌力与体能训练[M]. 林嘉志，译. 新北：艺轩出版社，2014.

[4] 陈文鹤，王晓慧. 健身运动处方[M]. 北京：高等教育出版社，2014.

[5] 王健，何玉秀. 健康体适能[M]. 北京：人民体育出版社，2007.

[6] 谭思洁，张晓丹. 青少年体力活动与健康促进：从传统媒体到新媒体[M]. 北京：知识产权出版社，2017.

[7] 瑞迪，哈格曼. 运动改造大脑[M]. 浦溶，译. 杭州：浙江人民出版社，2013.

[8] 铃木. 锻炼改造大脑[M]. 黄珏苹，译. 杭州：浙江人民出版社，2017.

[9] 田野. 全民健身指南[N]. 中国体育报，2017-08-11.

[10] 李红娟. 体力活动与健康促进[M]. 北京：北京体育大学出版社，2012.

[11] 杨静宜，徐峻华. 运动处方 DIY：力量[M]. 北京：北京体育大学出版社，2004.

[12] 艾丁格，莱特，布莱尔. 50 岁之后的健身管理[M]. 王雄，张冰，译. 北京：人民邮电出版社，2017.

[13] 李相如. 中老年健身与健康指导[M]. 桂林：广西师范大学出版社，2014.

[14] 熊欢. 性别、身体、社会：女性体育研究的理论、方法与实践[M]. 北京：中国社会科学出版社，2016.

[15] 毛泽东. 体育之研究[M]. 北京：人民体育出版社，1958.

[16] 宋歌. 中国跑步指南[M]. 北京：煤炭工业出版社，2014.

[17] 希恩. 跑步圣经：我跑故我在[M]. 于嘉，译. 杭州：浙江人民出版社，2014.

[18] 科茨，科瓦奇克. 跑步时该如何呼吸[M]. 沈慧，译. 杭州：浙江人民出版社，2014.

[19] 麦克尼尔. 爱上跑步的 13 周[M]. 潘小飞，译. 海南：南海出版公司，2016.

[20] 村上春树. 当我谈跑步时，我谈些什么[M]. 施小炜，译. 海南：南海出版公司，2015.

[21] 罗曼诺夫，罗伯逊. 跑步，该怎么跑[M]. 徐国峰，译. 北京：新星出版社，2013.

[22] 丹尼尔斯. 丹尼尔斯经典跑步训练法：世界最佳跑步教练的跑步公式（3 版）[M]. 沈慧，译. 杭州：浙江人民出版社，2014.

[23] 希格登. 马拉松终极训练指南[M]. 吴洪涛，译. 杭州：浙江人民出版社，2015.

[24] Crazy 碧池. 夜跑 No.3：跑者的征程[M]. 广西：广西师范大学出版社，2014.

[25] 瑞比托. 力量训练基础[M]. 北京：北京科学技术出版社，2016.

[26] 瑞比托，安迪. 力量训练计划：用精准计划极速提升力量和运动表现[M]. 王龙飞，译. 北京：北京科学技术出版社，2018.

[27] 施瓦辛格. 施瓦辛格健身全书[M]. 方义兵，费海汀，杨婕，译. 北京：北京科学技术出版社，2012.

[28] 马克，克拉克. 无器械健身：用自身体重锻炼[M]. 蔡杰，译. 北京：北京科学技术出版社，2012.

[29] 保罗. 囚徒健身：用失传的技艺练就强大的生存实力[M]. 谷红岩，译. 北京：北京科学技术出版社，2013.

[30] 韦斯科特，贝希勒. 50 岁之后的力量训练.（3 版）[M]. 孙飞，译. 北京：人民邮电出版社，2018.

[31] 古德曼，帕克. 核心基础运动个人身体改造计划[M]. 阎惠群，译. 北京：北京联合出版公司，2015.

[32] 阿尔马赫，佛莱塔. 野兽健身：全面强化运动能力的动物模拟功能性训练[M]. 周秋实，译. 北京：北京科学技术出版社，2019.

[33] 斯塔雷特，科多佐. 豹式健身：全面提升力量与柔韧性[M]. 宋凯莉，译. 北京：北京科学技术出版社，2017.

[34] 利伯曼. 肌肉训练完全图解中年人士的终极健身指南[M]. 谢君英，译. 北京：人民邮电出版社，2015.

[35] 桑纳. 街头健身 [M]. 高巍，译. 北京：北京科学技术出版社，2016.

[36] 保利，谢邦狄. 自由风格训练：4 个基本动作优化运动和生活表现[M]. 王雄，译. 北京：人民邮电出版社，2019.

[37] 斌卡. 硬派健身[M]. 长沙：湖南文艺出版社，2015.

[38] 山下英子. 断舍离[M]. 吴倩，译. 广西：广西科学技术出版社，2013.

[39] 乔舒亚，瑞安. 极简主义[M]. 李紫，译. 长沙：湖南文艺出版社，2017.

[40] 梭罗. 瓦尔登湖[M]. 王家湘，译. 北京：北京十月文艺出版社，2009.

[41] 金子由纪子. 不持有的生活[M]. 燕子，译. 济南：山东人民出版社，2009.

[42] 洛罗. 简单生活的艺术[M]. 王春慧，译. 上海：上海文艺出版社，2011.

[43] 巴伯塔. 少的力量：越简单越厉害的工作生活双赢法则[M]. 段淳淳，译. 南京：江苏人民出版社，2009.

[44] 佐佐木典士. 我决定简单地生活[M]. 程礼礼，译. 南京：江苏凤凰科学技术出版社，2016.

[45] 都希格. 习惯的力量[M]. 吴弈俊，等译. 北京：中信出版社，2013.

[46] 詹姆斯. 实用主义（缩译彩图本）[M]. 燕晓冬，译. 重庆：重庆出版社，2006.

[47] 维茨金. 学习之道[M]. 北京：中国青年出版社，2011.

[48] 艾利克森，普尔. 刻意练习：如何从新手到大师[M]. 王正林，译. 北京：机械工业出版社，2016.

[49] 万维钢. 万万没想到：用理工科思维理解世界[M]. 北京：电子工业出版社，2014.

[50] 考夫曼. 穷查理宝典：查理·芒格的智慧箴言录[M]. 李继宏，译. 上海：上海人民出版社， 2012.

[51] 刘军. 管理研究方法：原理及应用[M]. 北京：中国人民大学出版社，2008.

[52] 苏杰. 人人都是产品经理[M]. 北京：电子工业出版社，2010.

[53] 周晓虹. 中国体验：全球化、社会转型与中国人社会心态的嬗变[M]. 北京：社会科学文献出版社，2017.

[54] 奇普，希思. 行为设计学：打造峰值体验[M]. 靳婷婷，译. 北京：中信出版社，2018.

[55] 米哈里. 心流：最优体验心理学[M]. 张定绮，译. 北京：中信出版社，2017.

[56] 吴炎，陈小彪，周薇. 健身活动中易出现的运动伤病[J]. 体育函授通讯，2002（2）：54−55.

[57] 陈崇高，刘学钦. 城镇居民健身运动损伤原因调查及预防措施研究[J]. 运动，2016（20）：66−138.

[58] 王亮. 我国公共体育设施安全管理和服务现状研究[D]. 北京：北京林业大学，2016.

[59] 陶宇平，李中华，李月华，等. 全民健身工程中户外运动休闲的安全管理体系研究[J]. 四川体育科学，2013，32（1）：84−88.

[60] 王寿东，赵东林，刘博. 健身运动损伤的预防[J]. 科学大众，2007（3）：86.

[61] 陈作松，周爱光，张永龙. 运动员倦怠的研究评述[J]. 成都体育学院学报，2008（8）：

68−72.

[62] 陈作松，周爱光. 运动员倦怠的测量与 ABQ 的初步修订[J]. 体育科学，2007（8）：66−70.

[63] 刘晓军. 运动风险评价理论体系的构建[D]. 北京：北京体育大学，2010.

[64] NIGG. ACSM's behavioral aspects of physical activity and exercise[M]. American College of Sports Medicine，2014.

[65] POTTEIGER. ACSM's introduction to exercise science [M]. 3rd ed. Wolters Kluwer，2018.

[66] THOMPSON. ACSM's resources for the personal trainer[M]. 3rd ed. Wolters Kluwer，2010.

[67] KATZMARZYK，JANSSEN. The economic costs associated with physical inactivity and obesity in Canada：an update [J]. Can J Appl Physiol，2004，29（1）：90−115.

[68] WEINBERG，GOULD. Foundations of sport and exercise psychology[M]. 6th ed. Human Kinetics，2014.

[69] Global recommendations on physical activity for health，World Health Organization，2010.

[70] Global action plan on physical activity 2018–2030：More active people for a healthier world，World Health Organization，2018.

[71] Physical Activity Guidelines Advisory Committee Scientific Report. Washington，DC：U.S. Department of Health and Human Services，2018.

致　谢

　　感谢国家体育总局科教司，极简健身最初只是一个想法，国家体育总局和项目评审专家的支持，使一个想法变成这本书。感谢北京体育大学出版社王英峰编审，他的宝贵建议和支持督促，使本书早日面世。感谢田野教授主编的《全民健身指南》，让我明白应该将健身知识普及更广的人群。笔者深知，在竞争激烈的健身图书市场找到一席之地非常困难，然而体育工作者推广全民科学健身使命重大，所以不敢懈怠。感谢浙江师范大学体育与健康科学学院薛岚、李启迪教授，为本书的出版提供建议和支持。感谢动作模特吴谋、邵丽莎、吴智郢、杨天天和管永光。感谢健身故事中的各位达人。感谢同样喜欢足球、乒乓球、健身健美的伙伴们多年来的支持。最后感谢我的家人，写作减少了很多陪伴时间，感谢家人一直以来的支持。